高中生社会主义核心价值观体验课

何　妍　韦志中　主编

人民出版社

责任编辑:杨瑞勇
封面设计:徐　晖
责任校对:吕　飞

图书在版编目(CIP)数据

高中生社会主义核心价值观体验课/何妍 主编. —北京:人民出版社,
　2022.3
ISBN 978－7－01－024563－8

Ⅰ.①高…　　Ⅱ.①何…　　Ⅲ.①社会主义核心价值观-中国-教学研究-高中
Ⅳ.①G631.2

中国版本图书馆 CIP 数据核字(2022)第 029409 号

高中生社会主义核心价值观体验课

GAOZHONGSHENG SHEHUI ZHUYI HEXIN JIAZHIGUAN TIYANKE

何　妍　韦志中　主编

人 民 出 版 社 出版发行
(100706　北京市东城区隆福寺街 99 号)

中煤(北京)印务有限公司印刷　新华书店经销

2022 年 3 月第 1 版　2022 年 3 月北京第 1 次印刷
开本:710 毫米×1000 毫米 1/16　印张:8
字数:103 千字

ISBN 978－7－01－024563－8　定价:48.00 元

邮购地址 100706　北京市东城区隆福寺街 99 号
人民东方图书销售中心　电话 (010)65250042　65289539

目　录

1

前　言

2019 年 3 月 18 日上午,习近平总书记在学校思想政治理论课教师座谈会上强调"用新时代中国特色社会主义思想铸魂育人,贯彻党的教育方针落实立德树人根本任务",这次会议吹响了开展青少年思想品德教育课程改革的号角。

作为社会心理服务和心理教育工作者,我们深刻认识到青少年的心理服务工作是社会治理和建设的重中之重。尤其是在当前社会转型的特殊历史发展时期,伴随着新冠肺炎疫情等公共危机事件的发生,面向青少年的心理健康服务已经不仅仅是心理层面的工作,而变成了思想道德建设、意识形态引领等方面的综合任务。

社会主义核心价值观兼顾了国家、社会、个人三个层面的价值愿望和追求,是国家政治理想、社会导向、行为准则的统一,为国家、集体、个人价值目标的确立指明了方向,其重要性不言自明。对于个人的成长,社会主义核心价值观起着价值引领和方向导航作用。青少年正处于个性形成以及创新能力和实践能力快速发展的阶段,社会主义核心价值观更是起着举旗定向的价值引领作用。爱国精神、家国情怀、民主意识、公正信念、规则意识、认识自由和自律的关系等都需要从小抓起。

每一个核心价值观都与学生的个人发展、自我成长息息相关,具有深远的教育意义。比如,第一个价值观——"富强"与中国梦紧密相连,对实现中华民族的伟大复兴具有十分重要的意义。在青少年时期深化对"富强"价值观的认识，能够培养学生的家国情怀，激励学生将个人理想与国家富强、民族复兴结合起来，鼓舞学生自强、自立、勤奋学习。而最后一个价值观——"友善"的内涵通过尊重、宽容、礼让、关爱和互助等要素体现出来，这一系列的积极品质又和一个人的心理能力密切相关，当一个人的心理能力足够强大的时候，他会更加自信，更能理解、共情他人，更加友善地对待他人，拥有更好的人际关系，也更能克服当前的困难，而对未来充满希望。

青少年是社会主义事业的建设者和接班人，但他们的世界观、人生观、价值观尚未形成稳定的体系，具有非常强的可塑性，"扣好人生第一粒扣子"尤其关键。青少年早期凸显的心理问题，会伴随自身发展和年龄增长演变为意识形态的问题，对社会主义核心价值观的思想阵地带来巨大冲击，因此，要把心理健康教育和思想品德教育作为"大心育"来对待，把心理、思想、意识形态、价值观树立等工作作为系统性工程的上、中、下游系统对待。

我们注意到在当前社会主义核心价值观教育教学中，还存在一些可以改善和提高的地方。其一，社会主义核心价值观教学需要提高年龄针对性。处于不同发展阶段的学生，其身心发展特点各有不同，所面对和需要重点解决的发展问题也不同。其二，社会主义核心价值观教育需要充分结合时代特点开展。青少年所处的现代社会是一个物质极大丰富的时代，他们的生活和学习条件更优越，所接触的思想也更多元。加上通信技术和互联网的快速发展，使得青少年学生的知识更宽泛、视野更开阔、思维更敏锐、情感世界也更加丰富。其三，教育教学效果还有待进一步提升。虽然现阶段很多学校都在宣传社会主义核心价值观，青少年对核心价值观的认同也在逐渐提高，但是还存在宣传效果不佳、践行活动流于形式等现象。如何调动学生学习核心价值观的积极性，深化学生对核心价值观的认识，使核心价值观的践行活动真正收到实效，是当前教学工作的重点。

基于对以上现象和问题的思考与认识，在去年已出版的《用心理学践行社会主义核心价值观》(韦志中著)基础上,我们开始谋划做一本兼具实用性和针对性的具体操作类读物,作为全国中小学校开展社会主义核心价值观教学课程的参考教材,于是就有了这本著作的诞生。本书在教学内容和形式上着力于突出以下几个方面的特点。

教学设计注重系统化、循序渐进。每一堂课以一个核心价值观为主题,每一课包含九个部分。第一,学情分析。充分结合当下的时代特点、时事热点、社会现状,对教育教学的背景进行分析。第二,教学理念。该部分融合了科学理论,清楚地阐述相关概念的内涵、意义,为教育教学打下坚实基础。第三,教学设计。帮助教师把握整堂课的课程脉络。第四,教学目标。教学目标简要而明了,帮助教师迅速抓住课程教学的重点。第五,教学方法。阐述使用的具体教学方法,以及使用的原因和意义。第六,教学准备。详细地说明教学中需要用到的教具、材料。第七,教学过程。具体分为导入阶段、实施阶段、结束阶段,将整节课的流程清晰展示。第八,注意事项。列出需要注意的要点,避免教师在教学中误踩"雷区"。第九,拓展阅读。展现相关主题的阅读材料,引导学生主动思考,深化理解。

教学方法突出情境性、艺术性、体验性和主体性。使用校园心理情景剧等多种教学方法,以舞台表演的形式重现生活情境中的心理活动和冲突,激发学生的情绪情感体验,进一步调整认知、改变行为。使用绘画、音乐等艺术表达方法,使学生能够表达"不能言又不能缄默的东西",在艺术体验中感受学习的乐趣;运用"创建文明表格"等体验式教学方法,避免说教式地告诉学生能做什么,不能做什么,让学生自发制定可以做的行为和不能做的行为,增强学生的规则意识;通过使用课件制作等教学方法,充分注重学生的主体性,让学生在体验中成长,成为要学、会学的主人翁,调动学生学习的积极性。

教学设计充分尊重学生心理发展特点和道德认知发展水平。同一个价值观主题的教学,按小学、初中和高中三个学段分别设计不同的课程内容和教学方法;课程设计尊重学生的年龄特点、个性差异、认知方式等,具有高度的适切性和针对性。

在创作本书的过程中,韦志中的助手卫丽做了具体的组织执行工作,钟海镜参与了整个过程的讨论和编写协助,周世群参与了"友善"章节的编写,欧阳艳华参与了"平等"章节的编写,师素芳、李友轩、程忆梅等对本书的编写和创作也给出了一些宝贵意见,感谢他们的付出! 此外,还要特别感谢人民出版社的杨瑞勇老师,是他独具慧眼地发现了本书的选题价值与意义,并最终促成了本书的出版。

本书为《青少年思政教育心理体验课》研究课题前期成果,参与研究人员名单如下:

课题组组长

何　妍:《中小学心理健康教育》杂志主编、《心理技术与应用》杂志常务副主编、北京师范大学心理健康与教育研究所、儿童与家庭教育研究中心特约研究员、中国教育学会学生发展指导分会理事、北京心理卫生协会学校心理卫生委员会副理事长

韦志中:安徽阜阳市心理学会会长、广州市心丝带心理志愿者协会会长、中国社工联合会心理健康工作委员会常务理事、中国心理学会心理服务机构工作委员会委员、中国社会心理学会社会心理培训工作委员会常务委员兼副秘书长

课题组副组长

丁　华:沈阳化工大学研究生院副院长、副教授

刘　煜:浙江海洋大学东海科学技术学院马克思主义教研部主任、副教授

刘洪翔:深圳市龙华区教育科学研究院教师发展部主任、教育学博士

何晓澜:湖南第一师范学院国际合作与交流处处长、教育学博士、副教授

谢武纪：长江师范学院教师教育学院副教授、教育学博士

吴　虹：上海沪江互加计划负责人、知名教育专家

孙丽华：江苏第二师范学院心理教研室主任、副教授

温金梅：山西省太原师范学院教育学院应用心理学系主任、副教授

吴志伟：南京师范大学常州创新发展研究院教育培训部副主任

余晓洁：广东省惠州市心理健康文化协会党支部书记兼副会长

钟海镜：广州市心丝带心理志愿者协会副会长

李晓辉：河北省邯郸市广平县教育体育局教研室心理健康教研员

张桂莲：内蒙古鄂尔多斯市准格尔旗教育体育局工会副主席

卫　丽：广州市心丝带心理志愿者协会研究中心主任

张　虎：安徽省阜阳市科贸技工学校党支部书记、校长

于永华：安徽省临泉县城南街道中心校校长、区域校长

石　雪：《中小学心理健康教育》杂志社活动部主任

彭介润：湖南省电化教育馆纪检宣传科科长、中学高级教师

陈亮伟：湖南省祁东县启航学校校长、教育学博士

郭长海：内蒙古自治区呼伦贝尔市原大杨树二中、鄂伦春中学校长

元付宏：河南省林州市第一中学校长

李忠明：江西省兴国县平川中学党委书记、校长

郭红虹：山西省临汾市尧都区五一西路学校心理健康教师

高丽丽：山东省济南市莱芜第一中学政治教师、中教一级

李　强：山东省济南市莱芜第一中学教师、中学一级教师

王光强：山东省济南市莱芜第一中学语文教师、中学一级教师

课题组成员：

王永峰：安徽省临泉县单桥镇中心校办公室主任

王佩娟：山西心之舟心理咨询中心主任

任效龙：安徽省阜阳市皖北经济技术学校心理健康教育中心主任

张俊丽:内蒙古自治区鄂尔多斯市准格尔旗女企业家协会常委副会长、
　　　心理咨询师

黄奕锟:广西奕子渡心文化传播有限公司心理咨询部主任

苏红日:深圳市南山区松坪山居委会幼儿园园长

肖瑞昆:江西省赣州市赣县区特殊教育学校党支部书记

刘清国:湖南师范大学附属都匀湘才学校党支部书记

邓　娟:湖南省浏阳市人民法院涉未成年人和家事纠纷调解心理工作
　　　室心理咨询师

阳　秋:湖南省浏阳市永安镇教育发展中心党支部书记、主任

余东海:湖南师范大学附属都匀湘才学校骨干教师

王　晶:吉林省吉林市丰满区东山实验学校党支部书记、校长

陈文学:广州大学附属中学南沙实验学校校长

许兴东:广东省广州市二中南沙天元学校校长

王秋云:国防科大附属中学校长兼党总支副书记

潘义生:广州市为明学校土任

黄建文:江西省宁都县实验学校校长

刘存利:山东省淄博市临淄区齐陵街道第一中学校长

张荣芳:四川省乐山市草堂高级中学教研组长、学科带头人

宁　凯:湖南省长沙市麓山滨江实验学校副校长、中学高级教师

胡宗如:湖南省长沙市麓山滨江实验学校校长、中学高级教师

肖　琼:湖南省长沙市雅礼洋湖实验中学英语教师

肖朝亭:江西省吉安市青原区青原山中学校长

刘　飞:山东省成武县第一中学政教主任

姜　勇:广东省深圳市南头中学副校长

李　敏:河南省林州市第一中学心理教研组组长

马金民:山东省乳山市第一中学心理教研组组长

邹晓春:江西省赣州市会昌县第二中学副校长

黄文东:甘肃省白银市平川中学副校长

李　靖:山东省菏泽市成武一中心理健康教师

吴明霞:上海市奉贤中学心理教师、中教一级

柯加瑜:湖北省黄梅县五中语文教师、心理教师、中学高级

何竟轩:辽宁省大连经济技术开发区第十高级中学心育中心主任、辽宁
　　　　省中小学心理健康教育学校联盟学术委员会委员、中学高级
　　　　教师

何妍　韦志中

2021 年 6 月

第一课　富　强

我与祖国共富强

　　课程概要:抓好高中生的理想信念教育工作不仅关系着学生自身的发展,也关系着未来国家发展和民族复兴。当前,我国正处于"民富"和"国强"的关键时期,需要每一位国人肩挑大义,积极进取。中学生作为国家未来的接班人,更需要具有建设祖国的责任意识。本课借由"富强生命线的绘制",既可以增强高中生与祖国同呼吸共命运的意识,也可以探索生命的意义,使学生看到自己的价值,进而树立远大理想目标。

　　关键词:富强;个人前途;国家命运;生命线

一、学情分析

　　在 2018 年教师节来临之际,习近平总书记在全国教育大会上发表了重要讲话。他指出:"要在坚定理想信念上下功夫,教育引导学生树立共产主义远大理想和中国特色社会主义共同理想,增强学生的中国特色社会主义道路自信、理论自信、制度自信、文化自信,立志肩负起民族复兴的时代重任。"

　　总书记的这段讲话向广大教师传递了一个信号,那就是要抓好理想信念教育工作,因为这不仅关系着教师自身与学生的发展,也关系到未来国家发展和民族复兴。

高中生由于身心发展还不够成熟,独立稳定的价值观还没有形成,对理想信念的追求不够明确、坚定,这就需要社会、学校及家长进行合理的引导。尤其是高三学生面临升学压力,即将迎接人生的第一个十字路口,其理想信念的选择更会决定他以后的人生发展。当今部分大学生缺乏理想信念,很大程度上要归结于高中阶段的理想信念工作没有做足、做细、做扎实。

据有关学者调查,回答"你坚持学习的动力来自哪里"时,接近68%的高中生选择了父母的支持、想改变现状和老师的要求。问到"你为什么要考大学"时,将近83%的人给出的理由是跟随大众、完成父母的期望和不知道。谈到"你认为高中生理想教育的最终目的是什么"时,60%的学生认为是提升思想,只有极少数人选择为早日实现中华民族伟大复兴的中国梦。

从这些数据我们可以看出,高中生的理想信念比较模糊,有功利化的倾向,许多学生随波逐流,没有明确的理想信念。另外,高中生的理想信念坚定性不足,由于他们经常整日埋头于理科逻辑的学习验算,以及文科知识的读读背背,很少有时间接受理想信念的学习与熏陶,缺乏对政治方向、社会生存、人生规划的了解。高中生在这些方面的认识不足,甚至会动摇他们的理想信念和政治立场。

因此,加强高中生的理想信念教育,对于学生当下的学习、人生的规划以及国家未来的发展,都具有十分重要意义。

二、活动理念

"富强"价值观包含了两个价值诉求,那就是既要民富也要国强。从根本上来讲,这两者是统一的。因为在我国的传统文化中,家国本是一体。国是放大的家,家是缩小的国。国家富强和人民富裕互为条件,相辅相成。国家的富强是为民造福的重要前途,实现富强的最终目的是增进人民自由和幸福。

1. 富裕并不代表强大

人民富裕和国家富强也存在不一致的时候。在历史的长河中,也存在过国强民贫或国弱民富的极端情况。如北宋时期的中国,虽然相对而言财富充足,但国势衰弱,在其他政权的压力下迁徙辗转,终究逃不过亡国的命运。当今时代,如果一个国家只富不强,就容易陷入"中等收入陷阱"。我国经济快速发展之后,也同样面临"中等收入陷阱"的问题。

"中等收入陷阱"是一个经济术语,指的是一个国家的发展水平,达到中等收入阶段,这个国家可能会出现两种结果,一种是持续发展,逐步成为发达国家;另一种结果就是经济停滞不前,出现贫富悬殊、腐败多发、社会动荡、信仰缺失等问题,这种结果就是"中等收入陷阱"。

根据世界银行 2018 年公布的最新分组数据,低收入国家人均国民总收入低于 995 美元,中等偏下收入国家人均总收入在 996—3895 美元之间,中等偏上收入国家为 3896—12055 美元之间,高于 12055 美元为高收入国家。

当前我国正处于由中高收入国家迈向高收入国家的关键期。我国的人均国内生产总值在 2010 年已经达到 4561 美元,迈入中高收入国家行列,2016 年超过 8000 美元,但是距高收入国家的门槛人均 12055 美元还有一定的距离。

关于我国能否跨越"中等收入陷阱",我们将用实际行动回答,"中等收入陷阱"过是肯定要过去的,我们有信心在改革发展稳定之间,以及稳增长、调结构、惠民生、促改革之间找到平衡点,使中国经济行稳致远。

"中等收入陷阱"是我国现代化发展过程中不可避免地会遭遇到的一道坎。我国全面建设富强民主文明和谐美丽的社会主义现代化强国,需要广大中华儿女凝心聚力,共同为建设社会主义现代化强国而努力奋斗。

2. 责任意识是中华文明的优秀文化基因

"为天地立心,为生民立命",是中华民族传统文化的基因。千百年来,这一文化基因促成了无数中华儿女报效祖国、肩挑大义的价值追求。

新的历史时期,党中央带领全国各族人民朝着"两个一百年"目标奋斗前进时,我们已经在实现中国梦的道路上取得了历史性成就。而在日益接近这个目标实现的今天,我们必须以更加强烈的担当精神和使命意识,以家国为己任,共同为实现中华民族的伟大复兴贡献力量。

为什么在世界四大文明古国中,只有中华文明延绵不断?这个问题曾引发思想理论界的广泛关注。很多学者从文化基因的角度进行了诠释。

中华民族创造了灿烂的文明,形成了具有中国特色的传统文化。这种文明和文化,既展示了"修身齐家治国平天下"的豁达济世情怀和崇高人生追求,也造就了中华民族胸怀天下、心系家国的独有精神气韵。遍览中华史书,字里行间无不洋溢着"责任"和"担当"。

如诸葛亮的"鞠躬尽瘁,死而后已";范仲淹的"先天下之忧而忧,后天下之乐而乐";陆游的"位卑未敢忘忧国,事定犹须待阖棺";文天祥的"人生自古谁无死,留取丹心照汗青";顾炎武的"天下兴亡,匹夫有责";林则徐的"苟利国家生死以,岂因祸福避趋之";鲁迅的"寄意寒星荃不察,我以我血荐轩辕"……

这样的责任意识和担当精神早已沉淀为中华文明的优秀文化基因,融入中华民族的血液,成为我们的精神财富。正是受这一精神的鼓舞,千百年来,无数仁人志士以强烈的社会责任感,重道义、勇担当,把自身前途命运同国家民族的前途命运紧紧联系在一起,肩负起自身使命,留下爱国奋斗的串串足迹。

一代人有一代人的责任,一代人有一代人的担当。2019 年 3 月,习近平主席在罗马会见意大利众议长菲科即将结束的时候,菲科问道:"您当选中国国家主席的时候,是一种什么样的心情?"习近平主席坚定而自信地回答:"这么大一个国家,责任非常重、工作非常艰巨。我将无我,不负人民。我愿意做到一个'无我'的状态,为中国的发展奉献自己。"这一铿锵有力的话语充分彰显了一个大国大党领袖舍身忘我的崇高境界和以身许国许党的使命担当。

中学生作为国家未来的接班人,更要具有建设祖国的责任意识,把自身前途命运同国家民族的前途命运紧紧联系在一起,从自我出发,从小事出发,牢记自己的主人翁身份,努力学习文化知识,为将来建设伟大祖国贡献力量。

三、活动设计

通过一些著名人物或事件,使学生认识到国家的命运影响个人前途,富强的实现要靠全体人民的团结奋斗、无私奉献。继而带领学生思考人生,畅谈理想,绘画国家富强生命线和个人发展生命线,展现个人与祖国的同呼吸共命运。

四、活动目标

1. 认识个人前途与国家富强的关系。

2. 增强学生热爱祖国,关心祖国命运的情感。

3. 自觉把个人前途与祖国命运联系起来,明确自己今后的努力方向,全面而有个性地发展。

五、参考方法

本节课主要使用的教学方法是绘画生命线。

生命线技术以人本主义思想为支撑,相信人们有看到自身价值、充分发挥自己潜能的能力。参与者通过对过去时光的回顾和梳理,重新审视生命,找到自信和力量。通过对未来生活的期待和设想,澄清目标,找到方向。通过对生命最后一刻的思考和整个人生的总结,探索生命的意义,树立珍惜当下的意识。

富强生命线,学生通过梳理国家和个人的发展脉络,既可以增强其与祖国同呼吸共命运的意识,也可以探索生命的意义,使学生看到自己的价值,充分发挥自己的潜能等。

六、活动准备

1. PPT 课件。

2. A4 纸、画笔。

七、活动过程

(一)导入阶段

1. 故事导入

鲁迅三改志愿的故事,启迪学生思考。

鲁迅最初的志愿是当海军,后来分别改为学矿务、学医学、学文艺。

鲁迅最初的志愿是当个好海军,把外国侵略者从海上赶出去。为此,他考进了南京水师学堂。

一改志愿学矿务。他认为要使中国富强起来,最要紧的任务应先发展矿业、工业。于是,他转入南京矿务学堂学习。

二改志愿学医学。他认为面对中国的现实,首要任务是把中国人改良成"强种人"。于是,他去日本仙台医学专科学校学医。

三改志愿学文艺。他认为我们的第一要务,是改变国民的愚昧精神,而善于改变精神的是文艺。于是他提倡文艺运动。

从此以后,鲁迅先生写出了大量的小说、散文、杂文,以此来揭露敌人的反动腐败,歌颂先进的事物,为解救中华民族而呐喊。

设计意图:通过故事导入,使学生直观认识到个人前途与祖国命运的息息相关,为下文探究"个人前途与国家命运的关系"制造悬念,激发学生的求知欲。

2. 学生探究

学生小组合作,分享交流自己的感想。

设计意图:引导学生探究,表达感悟。

(二)实施阶段

1. 事件展示

教师展示南京大屠杀与申奥成功、香港回归等图片,让学生进行介绍,启发学生思考。

设计意图:通过具体事件展示,使学生进一步认识到只有国家富强人民才能安居乐业,才能健康生活。没有国家富强,个人可能就没有生存权利,更谈不上理想与前途。

2. 报国人士

教师讲述华罗庚与钱学森的报国之举,使学生感悟到:国家的富强要靠全体人民的团结奋斗、艰苦创业和无私奉献。

设计意图:通过具体人物的报国事件,直观展示了国家富强需要全体中国人的奉献,深化了学生对"富强"价值观的认识。

3. 我的理想

教师带领学生畅谈个人理想,思考人生。

设计意图:此环节起到了承上启下的作用,既是对上一环节认识的深化思考,也是对下一环节个人发展线的铺垫准备。

4. 绘画生命线

带领学生绘画国家富强生命线和个人发展生命线。

设计意图:通过绘画,可以直观形象地呈现个人前途与祖国发展共命运这一价值理念,同时也能带领学生规划人生,探索生命的意义。

5. 学生分享

学生分享自己的绘画作品。

设计意图:学生表达交流,既强化个人与国家共命运的思想,也展示了他的理想抱负和人生意义。

（三）结束阶段

教师进行总结升华。

设计意图:教师对所学知识进行小结,可使学生更深刻理解这堂课的内容。

八、注意事项

1. 报效祖国与学生的实际生活较远,目标也比较大,所以教师一定要提前做好课程的准备工作,避免教学过程的空泛与说教。

2. 整个课堂氛围要自由、活跃,避免死气沉沉,没有活力。

3. 学生在绘制个人发展生命线时可能会比较迷茫,教师要提前讲好规则,也可以提前绘制自己的生命线,供学生参考。

九、拓展阅读

胡仁宇:将个人前途与国家命运紧密相连

1949 年,18 岁的上海交通大学大二学生胡仁宇申请换专业——从电机系转到物理系。他认为,刚刚诞生并将迎来大建设的新中国,需要更多理科方面的人才。翌年,他又转学到清华大学物理系。在那激情燃烧的年代,每个人都想着把贫穷落后的旧中国改造为美好的新中国。胡仁宇的想法也很简单:自己的前途始终要和国家的命运紧密地联系在一起。

1952 年,胡仁宇从清华大学物理系毕业,进入中国科学院近代物理所工作。在这里,前辈科学家们为胡仁宇打开了核科学研究的大门。他们为胡仁宇这些刚入所的年轻人讲授核物理、量子力学等方面的知识,进行核物理相关的实验辅导,胡仁宇由此真正开始接触核科学。之后,胡仁宇被分到实验组,开始接触核技术研究实验工作。许多科学发现和科技发展,都建立在实验的基础上,核科学与原子弹研制也是如此。

1956年8月,胡仁宇赴苏联科学院列别捷夫物理研究所攻读研究生。1958年7月,胡仁宇回国时,第二机械工业部副部长、核物理学家钱三强告知他:不要再回苏联学习,马上到二机部九局报到。二机部当时负责我国原子能事业的建设和发展,以研制核武器为主要任务。

胡仁宇来到二机部九局,接到一个任务:和王方定一起组建中子物理与放射化学实验室。当时,苏联与中国签订协议,援助中国研制核武器。然而,好景不长。1959年,苏联撕毁协议,中国只能"自己动手,从头摸起",自力更生研制原子弹。

在王淦昌、朱光亚、何泽慧、刘允斌等老科学家的指导下,胡仁宇和王方定、赖祖武等同事一道,带领一批年轻大学生夜以继日地投入科研工作中,用较短的时间、较低的成本和较高的效率,建立了中子物理与放射化学实验室,完成了中子源的制备、脉冲中子的测量和临界质量的测定,圆满地完成了原子弹试验前这个领域应该承担的任务。

1963年,根据原子弹试验的实际需要,胡仁宇与众多科研人员迁往青海某核试验基地。胡仁宇与同事们研制的核心部件,被成功地装配在我国第一颗原子弹上,为第一颗原子弹的核爆试验提供了保障。原子弹核爆试验成功后,胡仁宇和唐孝威等人又投入到我国第一颗氢弹的研制工作中。其中,胡仁宇在核爆近区测量某高难度技术方案的审定和实施过程中,发挥了重要作用。

胡仁宇参加了10多次核试验,组织领导了其中6次,根据国家需要,与同事们保质保量按进度完成,满足了理论设计对近区物理测量的要求,为确保每次试验圆满成功作出了历史性贡献。他和专业组一起,在核技术研究实验中积极引用新技术、新设备,开展新的测试方法,不断完善测试技术,为我国核技术发展作出了重大贡献。

不过,胡仁宇认为,核试验是一个复杂的大科学系统工程,各方面工作都是"强耦合"的,"就像木桶,有短板不行,哪怕有缝隙也不行"。这种大科学工程,"根本不可能一个人搞成什么事儿",而是集体奋斗、协同攻关实现的,"我只是完成了我所在岗位的工作而已"。

回顾一生,胡仁宇感到很知足。他实现了曾经的愿望,把自己的前途与国家的命运紧紧地联系在一起。"能够参加国家这样的事业,这一生至少是没有白活。"他说。

第二课 民 主

民主能力的培养

课程概要:当下高中生的整体民主素养有待提高,高中生对民主知识掌握得并不全面,不能有效运用民主的知识去组织相关活动。如何培养学生的民主践行能力,提高他们的民主素养,是当前民主价值观践行的重点和难点。本课借由情境教学法,运用日常生活事件来启发学生对民主的认识与践行。

关键词:民主素质;民主权利;民主能力;情境教学

一、学情分析

当下高中生的整体民主素养有待提高,主要表现在以下两个方面:

知识素养方面。一是学生的知识素养个体差异较大。有的学生对民主知识的掌握较好,既能够熟知知识本身,也能够深刻了解,甚至能够在生活中学以致用,而有的学生则是全然不知,既不懂得民主理论知识,更缺乏相应的理论信仰。二是学生掌握的民主知识不全面。有些知识把握较好,如:对于公民的权利和对于政府的监督方式、国家机关及其相互关系等方面的知识学生把握相对较好,而对于宪法和法律、民主决策的程序等知识掌握得不是很好。

行为能力方面。高中生的民主行为能力不足。不能有效运用民主的知识去组织相关活动,组织能力欠佳。高中生民主活动的实际参与较少,实际参与能力较差,具有的民主知识和民主态度没有形成较好的契合。

师者,传道授业解惑者也。作为学校领导和教师,作为学生人生发展的良师益友,在学生民主素养的培养过程中肩负着重要职责并发挥着重要的作用。所以,如何培养学生的民主践行能力,提高他们的民主素养,是当前民主价值观践行的重点和难点。

二、活动理念

我国的民主思想源远流长,影响甚大。先秦时期,孟子认为"民为贵,社稷次之,君为轻"。董仲舒说:"天之生民,非为王也;而天立王,以为民也。故其德足以安乐民者,天予之;其恶足以贼害民者,天夺之。"明末清初黄宗羲:"天下为主,君为客。"中国传统文化的"民本"思想虽然是在臣民的理论视域下思考问题,具有一定的历史的局限性,但是依然蕴涵了丰富的民主思想的特性。

1. 马克思对民主的阐释

马克思曾明确说过:"只有民主制才是普遍和特殊的真正统一。"普遍性是指民主在当今世界已经成为几乎所有国家和人民的共同追求,独特性则在于不同的国家基于不同的文化背景、不同的历史发展阶段、不同的社会制度和意识形态而对于民主有着不同的理解和认识。

马克思的民主观建立在对继承批判资产阶级民主观的批判基础之上。在马克思看来,不仅当时有限制的选举民主是不够的,甚至根本就是虚假的、应该受批判的。以资本主义的宪法为例,宪法的每一条本身都包含有自己的对立面,包含有自己的上院和下院:在一般词句中标榜自由,在附带条件中废除自由。

与资本主义民主对人民的限制不同,马克思充分强调人民的重要性。他说:"在民主制中,国家制度本身只表现为一种规定,即人民的自我规定。"在马克思的民主观中,人民的作用不是仅仅充当选民而是决定国家制度的群体,民主的基础不是少数的人而是人民大众。

2.我国的民主制度

我们的民主观来源于马克思主义民主观。没有民主就没有社会主义,就没有社会主义的现代化。民主是社会主义的生命,我们必须高度重视民主,弘扬民主,健全民主机制。

我国的人民代表大会制度作为根本的政治制度,是人民当家作主的重要形式,可以广泛、普遍地容纳人民当中各阶层、各民族、各方面的代表,充分反映人民的不同意见、建议和利益要求;共产党领导的多党合作和政治协商制度,通过民主党派和无党派人士的团结,既避免了"党争"又进行了政治协商和民主监督;民族区域自治制度对于保证少数民族依法行使自治权利,管理本民族内部及地方事务、巩固和发展平等团结互助和谐的社会主义民族关系,促进各民族共同发展繁荣具有重大的意义,有效地规避了多民族国家中尤其是新兴民主国家中在竞选中出现的族群冲突;基层民主自治制度是我们践行直接民主的最主要载体,基层民众通过民主选举、民主决策、民主监督与管理等,来表达民意、维护自己的合法权益。

应该说,在制度设计上,我国的民主政治和法律制度为各种合法利益的表达与实现提供了多种有效渠道和程序,因此,必须坚定不移地坚持和完善这些民主制度。

三、活动设计

为学生提供两个滥用民主权利的生活事件,学生进行小组讨论、交流,并用写信的方式提出正确行使民主权利的建议。

四、活动目标

1. 了解民主与个人的关系。

2. 理解"民主"价值观的践行需要能力。

3. 增强对"民主"价值观的认同,主动维护民主。

五、参考方法

本节课主要运用的是情境教学法。

课堂教学要培养学生自主探索与发现的能力,必须正确领导学生从情境中来,到知识中去,建构属于自己的知识。所以,教师需要以情境创设为手段,以知识建构为目标,创设适合于学生学习的教学环境。

本节课教师为学生提供两个滥用民主权利的生活事件,学生进行小组讨论、交流,并用写信的方式提出正确行使民主权利的建议。既有利于调动学生课堂参与的积极性与主动性,也有利于学生更好地理解民主权利的行使与民主能力的培养,可以起到很好的教学效果。

六、活动准备

1. 多媒体课件。

2. A4 纸、笔。

七、活动过程

(一)导入阶段

1. 教师引导

课件展示内容:党的十八大提出,倡导富强、民主、文明、和谐,倡导自由、平等、公正、法治,倡导爱国、敬业、诚信、友善,积极培育和践行社会主义核心价值观。富强、民主、文明、和谐是国家层面的价值目标,自由、平等、公正、法治是社会层面的价值取向,爱国、敬业、诚信、友善是公民个人层面的价值准则,这 24 个字是社会主义核心价值观的基本内容。

教师提问:"24 字表述核心价值观,涵盖国家、社会、公民三层面",把"富强、民主、文明、和谐"作为国家层面的核心价值观。这种解读表达了国家对民主的孜孜追求,但是能不能说作为社会主义核心价值观的民主就是定位在国家层面呢?

设计意图:引导学生思考民主价值观对个人层面的要求。

2. 学生发言

根据教师的提问,学生思考并自由发言。

设计意图:学生表达自己对民主价值观定位的理解,方便教师掌握学情。

3. 教师总结

根据学生的发言,教师进行小结。

在中国,民主的本质是人民当家作主。人民当家作主,离不开国家制度的设计,离不开人民民主权利的实施,离不开政府民主作风的改进。作为社会主义核心价值观的民主,在定位上既是国家层面的、社会层面的,也是个人层面的,对应不同的层面有不同的内涵。

设计意图:使学生意识到民主价值观也是对个人有要求的。

(二)实施阶段

1. 情境展示

一名学生亲口承认偷了同桌的笔,但家长却认为是老师屈打成招才导致孩子这么说的,于是在网络上发帖威胁老师:让老师告诉所有人,他孩子没有拿过别人的东西,洗清他孩子的罪名,否则就要雇网络水军黑老师!

病患黄某在×××医院因病进行手术,经抢救无效死亡。汪某、杨某等家属聚集近百人在该医院门诊大厅内吵闹,继而在门诊大厅门口焚烧纸钱、喊口号、辱骂医务人员,阻碍其他患者正常就医。

教师提问:以上这两个事件,当事人是在正确行使自己的民主权利吗?如果不是,请说明原因。

设计意图:从日常事件入手,启发学生思考。

2. 小组合作

小组讨论情境事件,回答教师的提问。

设计意图:调动全体学生的主观能动性,为每个学生创造了平等参与的机会。

3. 教师点拨

每个公民都具有法律赋予的权利,都可以在法律规定的范围内去维护自己的利益。但是有些人却滥用权利,甚至用权利来伤害其他人,这就是在心理上不具备行使民主权利的能力。

设计意图:明确行使民主需要具备民主能力。

4. 启发教育

教师引导:任意选择两个事件中的一个,以你的名义给当事人写一封信,告诉他们如何行使民主能力。

设计意图:进一步启发学生思考如何行使民主权利。

5. 写信环节

学生每人一张 A4 纸,开始写信。

设计意图:借助情境事件,进一步检验学生对民主能力培养的理解。

6. 班级分享

根据意愿,进行班级分享。

设计意图:公开自己的思考结果,以便教师检验课堂的教学效果。

7. 教师点评

根据学生的回答,教师进行点评。

设计意图:针对学生的理解情况,及时进行补救,指出学生的误区,避免"夹生饭"。

（三）结束阶段

1. 教学总结

师生共同就本节课的教学内容及其学习过程、收获等进行回顾。

设计意图：使学生形成鲜明的整体概念。

2. 布置作业

针对老师的点评和总结，学生修正自己信中不妥的观点和思想。

设计意图：及时纠正思想误区，进一步明确对民主能力的正确行使。

八、注意事项

1. 对于民主价值观，学生会存在理解偏差，教师需要有耐心地引导。

2. 对于如何行使民主权利，如果学生不清楚怎么做，教师就要及时引导。

九、拓展阅读

民主集中制是我们的优越性

民主集中制，是我们党的根本组织原则和领导制度，其基本含义是民主基础上的集中和集中指导下的民主相结合。把这一制度列入推进国家治理体系和治理能力现代化要求中，必将释放出更加有力高效的制度优势。

早在 1937 年 10 月，毛泽东同志在同英国记者贝特兰的谈话中就指出："只有采取民主集中制，政府的力量才特别强大，抗日战争中国防性质的政府必定要采取这种民主集中制。"1940 年 1 月，他在《新民主主义论》中再次强调了这一点。他认为："只有民主集中制的政府，才能充分地发挥一切革命人民的意志，也才能最有力量地去反对革命的敌人。"

民主集中制的政府之所以"最有力量"，就在于它"将民主和集中两个似乎相互冲突的东西，在一定形式上统一起来"。

一方面，它意味着人民"有一切机会去影响政府的政策"，政府能够真正代表民意,它的基础"建设在人民的自愿支持之上"。这样,"如果战争的目的是直接代表着人民利益的时候,政府越民主,战争就越好进行"。

另一方面,"行政权力的集中化是必要的",它意味着充分反映人民要求的政策一经通过民意机关而交付政府执行,"只要执行时不违背曾经民意通过的方针,其执行必能顺利无阻"。

这样的政府无疑十分强大有力,它不仅能唤起人民积极参加战争的磅礴力量,而且能集中力量和优势资源去处理被委托的一切事务。因而,也就最有力量去打败敌人,我们的革命战争也正是"依靠民主集中制取得了胜利"。

这一制度随着革命和建设的不断发展而完善。1956年党的八大把"民主"和"集中"高度有机统一作为国家治理体系的优势所在,报告在"国家的政治生活"部分明确指出,"我们的国家制度是高度的民主和高度的集中的结合。这个制度已经在我国过去几年的历史中表现了它的优越性"。

实践也充分证明,民主集中制支撑和塑造了强大有力高效的政府,很好地满足了国家在一穷二白、百废待兴的基础上实现现代化必须集中优势资源和力量实现跨越式发展的需要,也很好地顺应人民幸福美好生活期待而集中力量办大事、办难事、办好事、快办事、办成事的需要。

新时代,在决胜全面建成小康社会,实现中华民族伟大复兴中国梦的伟大征程中,一方面,我们用几十年时间走完了发达国家几百年走过的工业化进程,创造了世所罕见的经济快速发展奇迹和社会长期稳定奇迹;另一方面,在这一快速发展的背后,也意味着当前和今后一个时期必将进入各种风险挑战不断乃至集中显露的时期,面临的重大斗争不会少。如果没有一个强大有力的政权,就无法切实有效地应对和化解各种风险和挑战。

实践证明,民主集中制"是科学合理而又有效率的制度"。党在建设中把它作为坚持和完善党的领导制度体系,提高科学执政、民主执政、依法执政水平的重要内容。因为它可以保证在党的领导下,各级作为一个统一整体,"既合理分工,又密切协作,既充分发扬民主,又有效进行集中",从而"有效防止和克服议而不决、决而不行的分散主义"。

更重要的是,它能够促使各级"提高能力和效率、增进协调和配合,形成治国理政的强大合力",在切实防止出现相互掣肘、内耗严重现象的同时,也塑造出了特别强大有力高效的领导体制。

可见,完善和发展中国特色社会主义制度,推进国家治理体系和治理能力现代化,必须重视坚持民主集中制,完善发展党内民主和实行正确集中的相关制度,提高党把方向、谋大局、定政策、促改革的能力。

第三课　文　明

社区文明调研

课程概要:高中生对公共参与的相关知识已经有了一定的了解,但在很大程度上只是停留在抽象的、较为宏观的理论层面,缺乏可以为具体参与活动所运用的微观知识,难以把书本中的专业知识灵活运用到公共参与中。因此,如何强化学生的公共参与意识,提高他们参与公共事务的能力,是当前教学的重点。本课借由"社会文明调研"实践活动让学生进行实地考察,了解社区文明创建现状,并给出具体的评价与建议,强化学生未来社会接班人的身份,提升学生公共参与的积极性。

关键词:文明社区;调查;调研汇报;文明创建

一、学情分析

最初的一切教育活动都存在于社会生活之中,是人们为了生活而进行的知识、技能领域的训练,随着制度化的学校教育的出现,教育活动潜藏着脱离社会生活的倾向。而思想政治课程的教学理念主要立足于学生现实的生活经验,着眼学生发展需求,可以激发学生的公共参与意识。

高中生虽然对公共参与的相关知识,如政治制度的运作方式、基本的法律法规常识、风俗人情文化知识等有了一定的了解,但仍局限于宏观理论层面,难以把书本中的专业知识灵活运用到公共参与中。

此外,高中生也存在"搭便车"心理。几乎全部的高中生都参与过班干部的投票选举,但却仅有小部分学生参与过班干部的竞选。究其原因,是因为他们认为班干部主要是为同学和老师提供服务,即便自己不是班干部,也可以获得相应的服务,更不会因为自己不是班干部就无法获得相应的利益。这就是所谓的"搭便车"心理,企图不通过付出就获得利益回报。

高中生的政治参与和社会参与也同样存在不足。虽说高中生未满 18周岁,不具备选举权与被选举权。但依然有按照宪法和法律的规定参与政治生活的责任,例如参加网上评议政府活动、向人大代表反映意见与建议等。但从实际情况看,很多高中生从未参加过此类政治活动。

如果说学生的政治参与受到一定的外部条件制约,那么社会参与,即参与青年志愿者活动、社会慈善活动等,应该是高中生公共参与的主要领域。但遗憾的是,主动参与社会服务活动的同学不多,即使参与也多为被迫参与。

面临升学考试压力,高中生的公共参与意识是比较薄弱的,作为未来社会主义建设者的接班人,公共参与既可以锻炼他们各方面的能力,也可以强化他们的主人翁意识,动员他们积极参与国家和社会建设。因此,如何提高高中生的公共参与意识,是值得广大教育者深思的。

二、活动理念

高中生公共参与意识薄弱,除了面临升学考试压力,还和缺乏相关的体验有很大关系。西方积极教育心理学家提出,当获得快乐和幸福的体验之后,学生会产生更加强烈的动机和提出更高的发展要求,这种要求来自自身而非外在强制,所以也会更持久、更稳定、更容易内化。

哲学家狄尔泰认为,体验是人的生命存在独有的一种方式,它源自人内在的、独有的,和生命历程联系在一起的感受、体悟和行为。人们只能依据内心的体验来理解和把握整个世界的本源。

参与体验分为"创设情景—模拟体验"和"直接参与—亲身体验"两种基本类型。创设情景—模拟体验"是指在创设的特定场景中,通过角色扮演将自己暂时代入设定的角色中,在与其他扮演者角色的模拟互动中,获得对所扮演角色的认识和体悟。如:模拟听证会、模拟村委会和居委会选举。

"直接参与—亲身体验"则是真实地参与到公共生活中,如参与班干部选举、参与学校公共事务管理、参与社会志愿服务活动等。它的优点是,由于参与主体角色、参与场域、参与影响的真实性,可以更有效地调动起学生参与的积极性并收获更加生动、真切、直观的参与体验。

思想政治课以育人为根本目标,教师可以首先引导青少年融入集体、参与活动。让其对身处的班级、校园产生集体荣誉感和兴趣,认识到作为集体中一员的责任和义务。然后再通过实践活动有意识地正面接触社会,增强他们对社会的体验、认识和感悟,进而灵活运用所学的知识,提高学生处理公共事务的能力。

三、活动设计

社区是居民的生活场所,社区文明是居民生活质量的重要体现。通过让学生进入社区调研,可以更全面地感受社区文明的组成与现状,并有意识地投身社区文明建设,提升青少年社会参与的积极性。

四、活动目标

1. 了解社区文明。

2. 提高学生参与公共事务的能力。

3. 提升学生社会参与的积极性。

五、参考方法

本节课主要使用的教学方法是社区文明调研报告。

本节课主要采用社会实践的方式,学生通过对社区进行文明创建情况的调研、撰写调研报告、汇报调研报告等方式来了解社区的文明情况,参与社区文明创建工作,进而给出评价和改进建议。

六、活动准备

1.社区选定:校方先和社区谈好,选定学生调研的地方。

2.调研提纲:教师列好调研提纲,供学生参考。

3.实施调研:学生分小组进行,根据调研提纲进行调研。

4.调研报告:学生根据调研结果,撰写调研报告。

5.邀请嘉宾:教师提前邀请社区方的人,参加学生的调研汇报会。

6.课件准备:教师准备上课使用的PPT。

调 研 提 纲

社区_____常住人口_____面积_____调研人_____

1.社区获得了哪些荣誉称号或奖项?

2.社区的环境卫生情况如何?

3.社区的宣传标语、宣传栏是否正常使用?若有,请记下其宣传标语或宣传栏的主要内容。

4.社区在节假日时是否有活动安排?若有,请说明。

5.社区是否向居民提供健身器材或儿童游乐场?若有,请详细记录器材和儿童玩乐设施种类和数量,是否破损,居民使用情况等。

6.社区居民的关系如何?是否邻里之间有交流?是否有聚会活动?若

有,请说明。

7. 社区是否有和居民交流的微信群？若有,活跃度如何？居民对交流群的评价如何？

8. 社区工作人员的办事效率如何？是否对居民热情接待？居民对社区工作者的评价如何？

9. 社区居民对此小区的综合评价如何？

10. 通过调研,你觉得社区在哪方面做得比较好？

11. 通过调研,你觉得社区在哪方面做得不好？

12. 通过调研,你觉得社区在哪些方面可以进行改善？请提供具体的改善措施。

七、活动过程

（一）导入阶段

1. 社区文明

教师展示文明社区的图片,引导学生思考,文明社区的创建,需要具备什么条件。

设计意图:激发学生公共参与的意识。调动他们的好奇心与求知欲。

2. 学生回答

学生举手自由发言。

设计意图:从学生角度出发,来探讨文明社区的创建,充分激发他们未来社会接班人的身份意识。

3. 介绍嘉宾

教师向学生介绍嘉宾身份。

设计意图:有社区人员介入,一方面可以广泛听取学生的建议,另一方面也可以及时给学生解答关于社区建设方面的疑问。

4. 嘉宾发言

嘉宾根据学生的回答,进行总结发言,表达自己的心情。

设计意图:强化学生对嘉宾的了解,也为下一步学生汇报调研结果做好引导。

(二)实施阶段

1. 小组汇报

根据调研结果,学生进行汇报。

设计意图:分享小组合作的成果,接受老师、嘉宾和同学的检阅。

2. 嘉宾分享

听完小组的调研报告后,嘉宾分享感受,评价建议都可,也可以对相关事项进行解释说明。

设计意图:及时对学生进行反馈,让学生感知到自己调研的成效。

3. 学生提问

针对调研过程中出现的疑惑或问题,学生可以现场向嘉宾提问。

设计意图:在提问过程中,强化学生公共参与的主人翁意识。变被动学习为主动探究,培养学生的思考钻研能力。

4. 嘉宾解答

根据学生提问,嘉宾作出回答。

设计意图:及时解答学生的困惑,强化学生公共参与的意识。

(三)结束阶段

教师总结升华。

设计意图:教师进行课程内容的总结升华,保证课程的完整性。

八、注意事项

1. 在进行社会调研时,一定要有计划、有顺序进行,切忌一拥而上,囫囵吞枣。

2.学生由于认知和经验有限,在调研报告中可能会提出片面和激进的建议。此时,教师和社区工作者一定要抱着接纳尊重的心态,心平气和地倾听学生的汇报,不要急于反驳和打断。

3.整个课堂环节,教师的身份是引导者和参与者,而不是决策者和干涉者。教师要给学生提供自由开放的课堂氛围,切忌严肃和说教。

九、拓展阅读

新论:让社区更有温度

推动社会组织和居民参与,实现政府治理和社会调节、居民自治良性互动,是城乡社区治理现代化的积极方向。

大国治理的根基在基层,社区治理是国家治理的基础环节。不久前,中央发布《关于加强和完善城乡社区治理的意见》,提出"努力把城乡社区建设成为和谐有序、绿色文明、创新包容、共建共享的幸福家园"的要求。这一要求,为建设更有温情和温度的城乡社区指明了方向。

近年来,社区治理工作日益受到重视,很多地方推出了一些有积极意义的改革。但是,一些社区仍然难以脱离"社区工作行政化"的困境。笔者对不同城市的调研表明,承担行政事务占据所有工作80%以上的居委会不在少数。一些社区建设表面上热热闹闹,却并未很好地体现居民的意愿。笔者近期对1417名居民的问卷调查表明,高达72.34%的人仅仅将社区视为居住的场所或生活的空间,缺乏良好的社区互动体验。如何扭转社区治理中基层政府与居委会唱"二人转"的局面,更多地引导居民有序参与社区治理,是一个十分重要的课题。

做好社区工作,关键在于让基层民众有获得感,增强他们的主人翁意识。一旦离开了有效的参与,社区建设就会缺乏温度、失去活力。此次《意见》中提出的"幸福家园",正是社区治理的目标所在,内含了物理环境和人文环境多个要素,更重要地突出了"共建共享"这一治理现代化的本质属性。《意见》还特别要求制定基层政府在社区治理方面的权责清单,"依法厘清街道办事处(乡镇政府)和基层群众性自治组织权责边界";大力发展"社区社会组织和其他社会组织","推进社区、社会组织、社会工作'三社联动'",这对形成政府与民众的良性互动做出了双重保障。

推动社会组织和居民参与,实现政府治理和社会调节、居民自治良性互动,是城乡社区治理现代化的积极方向。近年来,一些地方在这方面进行了一些有益探索。例如,广州在每个街道设立一个家庭综合服务中心,向社会组织购买养老服务、青少年服务、义工服务和家庭服务等,有效发挥了社会工作者的作用;长沙市开福区形成以社会工作促进社区治理与服务的方法;宁波海曙区在社区减负方面做了卓有成效的改革,并且大力扶持和引导社会组织参与社区治理;等等。这些探索的共同点在于,既发挥了党组织的领导作用,体现出党在社区治理中机动灵活的优势,又发挥了群众参与的积极性。

社区治理转型,关键要找准中国社区治理改革的时空坐标。既不能像西方那样由业主组成"私人政府",也不能让政府"剃头挑子一头热",而是要在坚持党领导下进行社会赋能,推动社区工作行政化向行政工作社区化转变。这就要求,政府首先要以更加积极的态度培育社区社会组织,有序组织居民群众参与社区治理;打破自上而下代理民众需求的行政逻辑,积极推动社区减负,在此基础上引入社区需求导向机制,精准瞄准居民需求、提升城乡社区公共服务水平。

城乡社会治理是一项集众智、合众力的工作,需要更多居民和社区社会组织参与到社区治理中来。在这个过程中,政府需要积极培育社会组织,优化社区资源配置。通过畅通渠道,更好表达居民需求,实现政府与居民之间更为畅通的互动,让邻里不再陌生,社区更有温度。

第四课　和　谐

我为社会和谐建言献策

课程概要:组织学生围绕促进"社会和谐",对所在地区经济、教育、医疗、住房、居民收入、养老、社会保障等各方面进行社会调查实践,形成具体报告、提出相关建议,并提交给相关部门,让学生用实际行动参与社会和谐建设。

关键词:社会和谐;社会调查;实践

一、学情分析

当前,我国经济在稳定快速发展,城镇化水平进一步提升,社会生活关系更加紧密,每一位公民都是社会和谐的参与者和建设者。高中阶段的学生基本已经具备更多参与社会和谐建设的能力,根据不同年龄阶段和身份角色都可以力所能及地为社会和谐建设贡献个人力量。

改革开放40多年来我国经济、教育、医疗、住房、居民收入、养老、社会保障等各方面都有非常大的发展,我们实现了现行标准下的全面脱贫,区域协同发展在持续推进,乡村振兴成为当前农村发展的重要举措。但发展不平衡不充分是当前现状,例如,收入分配等需要与当前经济发展更加匹配,对于学前教育、基础教育、高等教育关系民族未来的教育事业社会大众也有更高的期盼,病有所医、老有所养等大家非常关切的方面也还存在一些不够完善的现象,民生保障、社会福利等基本生存生活配备也直接关系着和谐社会的发展进程。

随着教育模式的不断改革和优化,在新时代背景下中学生社会实践活动在教学中逐渐受到重视,社会实践活动也是中学阶段非常重要的一项课程。社会实践活动的有效性在很大程度上影响着学生的整体发展,尽管社会实践活动开展情况还不是很理想,社会实践活动的有效性受到制约,但当前越来越多的高中学生都一定程度上参与到社会实践中,组织撰写调研报告近年来也成为中学社会实践的重要形式。

二、活动理念

高中阶段的学生虽然大部分时间在校园,但也会参与和谐社会的建设,我们可以组织更多社会实践活动让青少年参与其中,增强学生的社会参与积极性和参与能力。

社会参与主要指社会成员以角色承担着的身份,为制定、实施社会政策或阻止某些损害国家和社会利益等社会措施的推行所从事的活动。个人在社会参与中不仅改造着社会,而且也促进了自身的发展。

青少年在生理、心理、文化素质和社会经验方面,都一定程度地具备了社会参与的基础和条件;青少年的自立意识也较儿童期大为增强,而生活领域和活动范围的拓展,使他们想要更多地去亲身验证自己的思考;随着文化水平的提高、知识结构与生活经验的日趋丰富、完善,青少年已逐渐具备一定能力参与社会实践。

三、活动设计

组织学生围绕"社会和谐"对所在地区的经济、教育、医疗、住房、居民收入、养老、社会保障等方面进行调研,提出实际可行的建议,形成调研报告,在班级讲解并递交给相关部门,参与和谐社会建设。

四、活动目标

1.了解当地经济、教育、医疗、居民收入等方面的现状,对和谐社会的构成有更清晰的认知。

2.增强对所在地区和谐建设的情感认同。

3培养学生公共参与的素养,增强学生的公德意识和公共精神。

五、参考方法

本节课的教学方法主要是社会调查报告的使用。

社会调查报告是调查人员是针对社会生活中的某一情况、某一事件、某一问题等,进行深入细致的调查研究,然后把调查研究得来的情况以书面形式真实地表述出来,以反映问题、揭露矛盾、揭示事物发展的规律,向人们提供经验教训和改进办法,为有关部门提供决策依据,为科学研究和教学部门提供研究资料和社会信息。

此课程中,学生围绕经济、教育、医疗、住房、居民收入、养老、社会保障等方面,结合小组成员的愿意,选定其中一个方面通过发放问卷、访谈、观察等形式进行调研和针对性分析总结,形成调查报告进行汇报并提交到相关部门,为当地和谐社会建设建言献策。

六、活动准备

1.班级学生提前2周分组,控制在4—5组,选出组长。

2.分组后讲解"社会和谐"调查报告实践的操作指导,并选定主题。

3.各小组把调查报告整理成PPT文件。

七、活动过程

（一）导入阶段

教师通过 PPT 讲解"和谐"价值观的具体内涵，介绍所在地区经济、教育、医疗、住房、居民收入、养老、社会保障等方面情况。

设计意图：让学生了解"和谐"价值观的具体内涵，了解当地民众最关心的各方面问题和情况。

（二）实施阶段

1. 小组汇报

各小组轮流汇报"社会和谐"调查报告的情况，以及相关建议，班级同学聆听并做相关记录。

设计意图：各小组展示社会调查报告的结果，呈现学生对问题的思考和调查能力，以及对资料的汇总整理能力。

2. "建言献策"补充

学生在各小组汇报完毕后针对调查情况补充"建言献策"内容。

设计意图：全体学生为各小组的调查报告作进一步的完善。

3. 分享"难忘时刻"

各小组分享在开展社会调查过程中印象深刻的场景。

设计意图：引导学生回顾调查报告实践过程，关注其中的事件、调查对象等。

（三）结束阶段

教师对各小组的调查报告实践过程进行总结，班级同学评选"最促进社会和谐"调查报告小组。

设计意图：对学生参与实践活动的鼓励，将进一步激活学生参与社会和谐建设热情。

八、注意事项

1. 各小组的调查的内容尽量围绕不同领域。
2. 特别强调社会实践过程的安全事项。

九、拓展阅读

深入调研出实招

深入边远地区,为乡亲们脱贫致富找出路;剖析自贸试验区建设难点,探索制度创新成果;了解基层干部的苦与累,谋划减轻基层负担的举措……在开展"不忘初心、牢记使命"主题教育过程中,不少地方和部门注重开展调查研究,在了解民情、掌握实情的基础上拿出解决问题的实招、硬招,为主题教育取得实效找到了有效路径。

调查研究是我们党的传家宝,也是各级干部做好各项工作的基本功。开展好主题教育,更加需要把调查研究贯穿始终,搞清楚问题是什么、症结在哪里,想明白难题如何解、短板怎么补,不断往深里走、往实里走。

涉浅滩者得鱼虾,入深水者得蛟龙。搞好调查研究,重在"深入"二字。群众有哪些操心事、烦心事,企业发展的迫切需求是什么,工作上有哪些薄弱环节? 这些问题的答案,坐在办公室里想不出来,埋头在文件材料中也找不出来,只有深入田间地头、工厂车间,深入到广大群众中去,才能真正求解。

深入扎实搞调研,就应突出问题导向,着眼发现问题、解决问题,哪些方面问题突出就聚焦到哪些方面调研,问题出在哪个环节就重点在哪个环节调研,尤其要到困难群众中间去、到艰苦偏远地方去、到问题矛盾突出的一线去;就应突出针对性,把调查研究与履职尽责、完成党中央部署的任务和当前正在做的事情结合起来,对各项工作进行深度检视反思。只有这样,才能把问题找到找准,把根源挖深挖透,让整改措施有效果、立得住,切实推动事业发展。

　　调查研究隔层纸,政策效果隔座山。调查研究注重实效,需要发扬求真务实的良好作风,力戒形式主义、官僚主义。没有调研就没有发言权,调研不扎实也没有发言权。要防止为调研而调研,防止搞"出发一车子、开会一屋子、发言念稿子"式的调研,防止扎堆调研、"作秀式"调研。调研既要身到,更要心到。领导干部不仅要"脚上有土",更要心中有民、心中有责,带着对群众的感情、对职责使命的担当,扑下身子听真话、摸实情,与广大群众实打实、心贴心,一起找到对症下药、管用见效的硬招实招。

　　调查研究是谋事之基、成事之道。各地各部门以开展主题教育为契机,在调查研究上下真功夫、苦功夫,让各项工作更加接地气、通民意、得民心,必将激发攻坚克难、真抓实干的强大正能量,创造无愧于党和人民的新业绩。

第五课　自　由

自由实现有方法

课程概述:高中生对于探究的热情和探究的能力都进一步增强,在思想上也要求更多的自由。但学校还存在很多阻碍学生自由的因素,如教师的权威主义、学业负担过重、单一课程设置等。如何在有限的条件下,让学生更好感受到自由,进而追求自由,是当前教育的重点。本节课借由"自由实现"这一主题,让学生从自身出发,为自由的实现出谋划策,进而理性追求自由。

关键词:自由;理性;规则;责任

一、学情分析

高中生正处于从儿童期向成年期过渡的阶段,他们的心理更加成熟,思维抽象程度更高,自我约束的水平更高,他们对于探究的热情和探究的能力也越强,在思想上也要求更多的自由。然而,由于学校教育的方向性和系统性等特殊性质,使得学生主观上感觉自己对自由的追求与需要没有得到充分的满足。

1. 教师权威主义将学生看作被管理的对象

个体的自由需要在具体的人与人之间的关系中去实现。对于处于学校之中的学生来说,影响他们自由的非常重要的因素就是教师和师生关系。

教师和学生的关系是"不对称"的。在这种"不对称"关系中,学生是主体意识相对淡薄、主体能力相对不足的发展中的人,是潜在主体。教师容易忽视对学生的尊重,仅仅将学生看作是被管理的对象和受教育的对象,而非是具有同样人格尊严的人,教师在某种程度上成为学生发展的限制因素。

如教学一味地追求学习效率的最大化,却较少考虑学生的个性化发展需要,更谈不上"因材施教"。根据学生的成绩来区别对待学生,成绩差的是"被遗忘的角落",被批评和忽视,某些时候甚至被课堂边缘化;成绩好的则得到教师更多的提问机会和在教室中占据较好的座位,有更多的担当班干部的机会。以分数排名为唯一标准来衡量学生的才能和智商,而忽略或漠视学生在其他方面所表现出的能力倾向和兴趣、爱好和潜力。

2. 学业负担限制了学生自主的空间

由于学业成就和未来保障相关,升学成为学校的主导,学生的学习负担过重是相当普遍的。学生很少有自我支配的时间。目前的趋势是,学生不仅在学校中自由支配的时间很少,在校外和课外的时间也经常被占用。人际交往、体育、娱乐时间被压缩。学生的睡眠时间严重不足。

苏霍姆林斯基曾经指出,自由时间对学生发展至关重要,"只有当孩子每天按照自己的愿望随意使用5—7个小时的空余时间,才有可能培育出聪明的、全面发展的人来。离开这一点去谈论全面发展,谈论培养素质爱好、天赋才能,只不过是一句空话而已。"

3. 课程对学生自由选择的限制

学生在学校中自由选择所遇到的最大障碍,还是来自于课程的开设和编制。

首先是课程的单一。具有不同能力和兴趣、个性差异的学生,无论在哪一个学校中,都修习大同小异的课程,这是不可思议的。在同一个学校中,学生无法选择适合自己的学习节奏,只能按照统一的步伐前进。

课程的单一,还在于这些的编制多是从学科出发,以获得知识为中心,而从问题出发和学生的生活出发的以解决问题、获得技能和提高动手能力为目的的课程少之又少;为学术做准备的课程多,为职业做准备的课程少。

其次,是繁重的课程,没有为学生提供选择的余地。课程表上的课程越来越多,样样都重要。可供个人选择的课程太少,适合个人兴趣和特点的课程也太少。

当然,学校教育不能在学生的潜能尚未充分显现时,就过早规定了学生发展的可能性。然而,随着学生的成长,个人之间的兴趣、志向差异越来越大,课程就应该变得更为多样化。

二、活动理念

一般地说,学生获得自由是受是否有足够的理性、对规则的服从和反思程度、承担责任的能力、对他人尊重的程度来决定的。同时,也和学生追求自由的自觉意识与行动关系紧密。

1. 足够的理性

所谓足够的理性,主要是指具有因果推理能力,能明确预见自己行为的后果。对于没有理性者,也不存在自由,他们是受本能或欲望的支配的。他们可能伤害别人,也可能伤害自己。

在罗素开办的学校中,学生可以自由地做他们所想要做的事情。这时,由于学生理性的缺乏,他们极有可能做出有害的事情。这就是为什么有的学生自由到放火的地步。在这种情况下,家长的控制和监护就显得非常必要了。而随着理性的增长,学生所具有的自由也逐渐增加。

学生有理性的另一个重要的标志是有自我控制的能力,从而可以延迟满足。自制是获得自由的必要条件。它使人最小限度地依赖外部物质和条件,最大限度地摆脱种种欲望。

2. 对规则的尊重

规则在这里不仅是道德规则,也包括各种行为的规则。它是人们认识环境、适应环境和行为的工具,也是获得安全感的重要工具。在一个缺乏规则或规则混乱的环境中,人们缺乏对行为的预见,会失去对控制事件和自我的自信感,也失去了安全感。

对于学生来说,情况也是如此。在他们4—5岁的时候就对好和坏开始好奇和敏感。最初他们把规则等同于某个特定的人的命令,需要得到他明确的指导和命令,在他的管理下形成习惯。

但是随着思维能力的提高,他们希望发现环境中的规则,希望这些规则是一致的、明确的,而不是混乱的、零散的,或者仅仅是以某些人的意志和好恶为转移的。他们需要明确的权威、秩序和明确的思想方式来规范自己的行为,让他们不伤害别人也不伤害自己,并试图获得安全感。

3. 承担责任的能力

能承担多少责任,就意味着学生能享有多少自由。虽然从法律的角度来讲,高中生并不是完全的行为责任人,但是从教育的角度讲,有必要根据高中生身心发展的特点,鼓励他们逐渐承担责任,包括成长的责任、道德的责任,这无疑会增强他们的独立感和自主性。

虽然,高中生经验的缺失、无知可能仍然会为他们承担责任带来障碍,但是,让他们在有限的范围内承担责任,鼓励他们通过努力来达到一定的目标,这对他们来说既是保护的措施,也是鼓励发展的策略。

三、活动设计

通过分享自由,明确自己心中的自由;通过追忆自由之路,感悟当下自由生活的不易,感恩革命先辈和长辈的付出;通过讨论班规与校规,深刻认识自由与约束的关系,进而反思自己的行为,努力追求积极的自由生活。

四、活动目标

1. 明确追求自由的原因与意义,了解自由的边界。

2. 理性看待自由,以积极乐观的态度来维护自由。

3. 具备公共参与的素养,养成主动维护自由、勇于担当的行为习惯。

五、参考方法

本节课主要使用的教学方法是为自由的实现出谋划策。

高中生对于探究的热情和探究的能力都很强,在思想上也要求更多的自由。本教学方法旨在充分调动学生的探究热情,让他们从自身出发,为自由的实现出谋划策。通过这一环节,他们也更能理性看待自由,从而也更加理性地追求自由。

六、活动准备

1. PPT课件。

2.《蓝莲花》歌曲视频、《解读社会主义核心价值观——自由》视频。

七、活动过程

(一)导入阶段

1. 播放歌曲

播放许巍的《蓝莲花》,学生齐唱,感受歌曲中的自由世界。

设计意图:吸引学生的注意力,调动学生的积极性。

2. 新课引入

教师引导:自由是人类永恒不变的理想和追求,也是社会主义核心价值观中社会层面的第一个价值观。同学们,看到自由,首先会想到什么?

设计意图:启发学生思考,引入自由主题。

3. 学生分享

学生分享自己心中的自由。

设计意图:从自身出发,思考自由,认识自由。

(二)实施阶段

1. 视频播放

每个人对自由都有自己的感悟,那社会主义核心价值观对于自由是怎么解读的呢? 播放对社会主义核心价值观自由解读的视频。

设计意图:正确认识核心价值观的自由,理解自由。

2. 小组讨论

教师引导学生思考:在人类追求自由的过程中,有哪些人物、哪些故事让你印象深刻?

设计意图:加深对自由的认识和思考。

3. 小组分享

分享小组讨论的结果。

设计意图:加强师生、生生之间的沟通,分享对自由的认识。

4. 案例讨论

案例展示:(1)虐待动物,猫是我花钱买的,我养的,我想怎样就怎样,不关你事;(2)防疫抗疫期间,来自高风险地区的王某隐瞒行程不报,导致多人感染;(3)学生张某为了逃避考试,拉上好哥们儿一起旷课。

小组讨论:我们身边还有哪些类似的只顾个人自由忽视他人自由的行为?

设计意图:从日常事件入手,深化学生对自由的认识。

5. 学生分享

学生分享自己所知道的忽视他人自由的行为。

设计意图:检验学生对自由的认识。

6.教师引导

教师提炼引导:我们追求的是有序的自由,公众的自由,而不是狭隘的自由。作为学生,我们有一些自由会被学校限制,为何会被限制?

设计意图:教师实时引导提炼,明确自由的界限与范围。引导学生讨论班规与校规。

7.小组讨论班规、校规制定的目的

设计意图:深刻认识自由与约束的关系,进而反思自己的行为,树立自觉遵守班规的意识。

(三)结束阶段

教师带领学生进行此课程的总结和回顾。

设计意图:加深学生对此课程的认识,检验教师的教学效果。

八、注意事项

1.整个过程要遵循自由真诚开放的原则,教师不能随意对学生进行批评指责。

2.学生在谈到被学校进行自由限制时,教师可以进行适当的回应与点评。

九、拓展阅读

从中国抗疫看"自由和自律统一"

全球抗疫的艰难历程,既是对各国制度体制和动员能力的考验与检验,又折射出不同文化理念的差异和价值立场,并再次将诸多问题置于人们面前。自由与自律孰轻孰重?二者是怎样的一种关系,就是受到关注的问题之一。

在全国抗击新冠肺炎疫情表彰大会上,习近平总书记发表重要讲话指出:"中国人历来抱有家国情怀,崇尚天下为公、克己奉公,信奉天下兴亡、匹夫有责,强调和衷共济、风雨同舟,倡导守望相助、尊老爱幼,讲求自由和自律统一、权利和责任统一。"

正是由于 14 亿中国人民显示出高度的责任意识、自律观念、奉献精神、友爱情怀,铸就起团结一心、众志成城的强大精神防线,我们才经受住了这一场艰苦卓绝的历史大考。总书记讲话强调"自由和自律统一",强调"自律观念"及其重要性,对自由、自律问题及其辩证关系给出了简明而精确的回答。

自由与自律的观念由来已久。中国从老子、孔子谈及,西方世界从古希腊时代(如伊壁鸠鲁)肇始。

中国传统文化以孔子为代表,虽然着力强调人的自律,如"不学礼,无以立""居处恭,执事敬,与人忠",但并非缺少"自由"之论。除佛教"修行无碍"、道教"寡欲归真"之自由追求,庄子"无待""无己""坐忘"之自由意境外,孔子也讲到"从心所欲,不逾矩"。只是这种"自由",在孔子看来,须符合"礼"的要求、达至"仁"的境界,以发自内心的道德认同为前提。

西方世界关于自由与自律的论说中,康德的思想颇具代表性。

康德是德国古典哲学的集大成者,"自由"在其道德哲学中具有核心地位,是其道德律令所以可能的基础。康德自述,有两件事物令他充满敬畏,即"我头顶上的星空与我内心的道德准则"。

一向崇尚自由的康德以哲学家的冷静和理智,强调"自由不是你想干什么,就干什么",自由在于自律,理性的存在者要为自己立法,同时又依此去行为、去做事,这样才是真正的自由。

可见,古今中外凡是有见地、有智慧的思想家,都把自由与自律结合起来思考,讲自由不忘自律,谈自律蕴含自由。当然,这并不意味着不同文化背景下的理解是一致的。

大致说来,中国古代社会以封建宗族为基础,其伦理道德以强调自律为主;社会主义中国以集体主义为原则,将自由建立在自律基础之上。而从中世纪宗教统治走出的近现代西方社会,则以私有制度为深厚根基,表现出崇尚个人主义和个体实现的明显倾向,往往将自由放在比自律更为优先的位置上。

这是文化理念上的差异、价值立场上的区别,由此也在一定程度上影响到人们的行为方式和处事选择。

总体上看,思维倾向的不同与侧重,并未从根本上动摇或颠覆人类对自由与自律基本关系的理性把握,无论是中国还是西方社会都没有将自由或自律任何一方绝对化、唯一化,这是足可让人欣慰的一面。

但另一方面却令人深感忧虑,即在应对处置像新冠肺炎疫情这种重大突发公共卫生事件过程中,如果在自由与自律关系问题上处理不当、造成失衡,如果仍固守惯常思维与行为方式而不能及时作出必要调整,那将会带来出乎意料甚至是可怕的灾难性后果。

遗憾的是,这种担心已经不是多余,而是实实在在地发生了并还在持续之中。

在抗击这场百年来全球最严重的传染病大流行过程中,中国共产党带领中国人民同时间赛跑、与病魔较量,迅速打响疫情防控的人民战争、总体战、阻击战,以非常之举应对非常之事。

中国人以高度自觉、严格自律,护佑健康与生命,从根本上讲,就是守护祖国的自由、人民的自由、明天的自由。

像中国这样恰当处理自由与自律关系的国家,大多较好地控制了疫情蔓延。不过仍有不少国家面对来势汹汹的疫情,未能采取最坚决最果断的防控措施,致使疫情快速传播,严重危及人们的健康与生命。

如作为最便捷有效的防控方法之一,戴口罩可谓是举手之劳,然而有的国家从政府层面不予倡导,不少民众也以妨碍自由为由而拒绝,甚至游行示威进行抗议。在危及自身和他人健康与生命的关键时刻,不能恰当有效地处理自由与自律的关系,这已经不只是文化差异、价值取向问题了,而演变成一种自私与偏狭之见。

　　没有脱离自律的自由,也没有不求自由的自律,二者相比较而存在、相支撑才能实现。恩格斯强调:"自由不在于幻想中摆脱自然规律而独立,而在于认识这些规律,从而能够有计划地使自然规律为一定的目的服务。"毛泽东指出,人类的历史,就是一个不断地从必然王国向自由王国发展的历史,这个历史永远不会完结。

　　这些论述虽然是就社会历史发展层面来说的,但对人的思维方式、道德行为、交往处事而言,又何尝不是如此呢? 坚守"自由和自律统一"的价值立场,既是全球抗疫的基本启示,更是人类生活的经验写照。

第六课　平　等

培育平等心

课程概要:虽然学生在高中阶段学习了平等价值观的相关内容,但是学习内容较浅显,只涉及了价值观的含义和作用,还没有起到价值观应有的作用。本课借由不合理认知的辩论,可以更好地让学生了解平等与不合理认知的关系,进而改善自己的不合理认知,培养平等心。

关键词:平等心;不合理认知;辩论

一、学情分析

"平等"处于社会主义核心价值观中的社会层面,上系国家层面的富强、民主、文明、和谐,下系个人层面的爱国、敬业、诚信、友善,是个人与国家之间的重要纽带之一。高中生是国家的栋梁、中华民族的未来和希望,要想让栋梁健康成长,就必须对高中生进行价值观教育。虽然学生在高中阶段学习了价值观的相关内容,但是学习内容较浅显,只涉及了价值观的含义和作用,还没有起到价值观应有的作用。

1. 高中生对平等知识的学习不够深入

在调查中,我们发现很多高中生对平等知识的学习不够深入。在访谈时,一些学生说一些诸如"学习平等没什么用",或"平等就是平等,平时了解下就行了"的话,他们认为没必要对平等知识系统的学习,这种看法具有一定的普遍性,这对他们学习平等知识非常不利。平等作为人类追求的一种终极的政治理想和价值理念,曾经激发了无数人为之奋斗,有力推动了世界的政治文明进程,对人类历史产生过巨大的影响,至今它仍在指引着无数渴望社会秩序更加完善、更加充满正义的人前行,当代高中生必须正视平等意识对人类社会的巨大作用,端正对待平等的态度,加强对平等的学习。

2. 高中生缺乏平等实践活动的锻炼

在调查中,在回答"你会经常有计划地提高自身的平等意识或者参与关于平等的社会实践吗"? 时,有26.07%的人表示同意,有48.57%的人选择了"偶尔参与",有25.36%的人选择了"从来没有",一些学生表示"不知道如何提高平等意识",还有一些学生表示"平时的课程安排得很满,学校对住校生实行半封闭管理,很少有机会参与社会实践",而从受访者对贫困地区和特殊人群被国家有针对性地加大支持力度的态度,受访者对落后学生被老师有针对性地补习功课的态度我们也可一窥端倪,高中生平等实践不多。

高中生对平等社会实践的缺失现象比较严重,这对他们自身的成长非常不利。社会实践是学生体验生活的一种方式,它并不像想象中的那么容易,高中生对于有平等内容的社会实践活动参与得过少,使他们难以认识到平等的重要性。

3. 高中生对平等前景的看法不够乐观

信心也是一种积极的认可程度,它能够改变一个人的精神状态,使人更加振奋,更加具有活力,但目前高中生对平等所具有的巨大价值还不清楚,所以信心还不强。高中阶段处于整个人生的黄金时期,高中生的心智处于半幼稚、半成熟状态,他们面对一些不平等的事情时,如果处理不得当容易导致对平等的看法趋向片面偏激,最终导致负面情绪的产生。在调查中,回答"你听说过的不平等的事情多吗?"时,13.6%的学生选择了"很多",71.8%的学生选择了"比较多",14.6%的学生选择了"不多",这说明高中生平时接触到的不平等的事情还是比较多的。在回答"你认为平等对于建设和谐校园,乃至和谐中国会有多大帮助?"时,有15.36%的人选择了"很有帮助"和61.79%的人选择了"有一定帮助",但也有22.86%的人选择"没有帮助"。

信心是一种积极的心理倾向,对平等前景的信心可以充分调动学生的潜能,将他们调整到最佳状态,以积极乐观的心态面对各种事情。对平等作用的怀疑是没有道理的,自古以来,平等激励起无数仁人志士奋起反抗黑暗的勇气,并不断取得追求平等的胜利。平等蕴含了改造现实的巨大力量,高中生一定要对平等所能塑造的前景充满信心。

二、活动理念

1. 平等的解读

平等作为社会层面价值观的追求之一,具有丰富的内涵。平等主要表现在政治、经济、法律、人格和机会方面的平等。

政治方面的平等。人们在政治上享有平等的权利。我国宪法规定公民平等地享有选举权和被选举权,平等享有言论、出版、集会、结社、游行、示威的自由,公民平等地享有监督权和取得国家赔偿权,这保障了公民在政治上享有平等的权利。

经济方面的平等。人们在经济上享有平等的权利和义务。我国的经济制度是以公有制为主体,多种所有制经济共同发展。分配制度是以按劳分配为主体,多种分配方式并存。这就保障了按劳动取得报酬的平等权利,保障了在经济上实现平等。考虑到个体所提供的劳动数量和质量上的差别以及智力上的差异,经济上实现的平等是相对的,绝对平等是很难实现的。如果一味追求经济上的绝对平等将会扼杀人们的积极性,从而不利于社会公正的实现。

法律面前的平等。人们在法律面前一律平等。我国宪法规定:中华人民共和国公民在法律面前一律平等。这就预示着我国公民平等地享有法律规定的权利,平等地履行法律规定的义务,任何人不得凌驾于法律之上。

人格上的平等。人虽然有生理、心理以及家庭出身的差异,但是人格是一律平等的。我国宪法也规定,公民的人格尊严不受侵犯。虽然人在社会上有分工的不同,但是没有高低贵贱之分的。

机会上的平等。社会应该为每个成员的自我发展、自我完善平等地提供必要的机会和条件,实现教育、就业、医疗、福利等各种公共服务等方面的平等,使人人都有平等参与、平等选择、平等竞争的机会。

平等是社会主义本质的体现。社会主义的本质,是解放生产力,发展生产力,消灭剥削,消除两极分化,最终达到共同富裕。只有"解放生产力,发展生产力"才能摆脱贫穷,才能为人的平等创造物质条件,这是平等价值观实现的前提。只有"消灭剥削"才能消除政治上人压迫人的不平等现象,进而实现政治上的平等;只有"消除两极分化"才能消除经济上的贫富悬殊,实现经济上的平等,这是平等价值观的内在要求。只有"达到共同富裕"才能实现人与人之间的完全平等,这是平等的价值理想。

2. 认知与平等心

客观来讲,现阶段我们已经实现了权利平等,但是由于每个人的认知不同,就可能出现偏差。类似于说这条线是直的,但是你歪着头看,它就歪了。认知角度不同,对平等的理解就是不一样的。

在"平等"的价值观教育上,应该让个体拥有合理的认知。心理学上有一个合理情绪疗法,旨在帮助求助者因不合理信念产生的情绪困扰。该理论认为,人们引起情绪的困扰并不是来源于事件本身,而是人们对事件的态度、看法、评价等认知内容,要改变情绪困扰,就得在认知改变上下功夫。心理学家总结出不合理认知的三个特征,即绝对化的要求、过分概括化、糟糕至极。

　　绝对化要求就是人们以自己的意愿为出发点,对事物怀有必定发生或不会发生的信念。比如说,只要我努力,就应该收获成功;只要我喜欢你,你也应该喜欢我。这类信念之所以不合理,主要原因是忽视了事物的发生和发展的规律。没有认清事物的发展是不以人的主观愿望转移的,因此,考虑问题的时候不能太过绝对,要留有余地。

　　过分概括化就是以偏概全的思维方式。其典型特征是以某一件或某几件事来评价自身或他人的整体价值。例如,一遇到失败,就认为自己"一无是处";别人稍有过失,就认为这人"能力不够",或"人品不行";别人和自己意见一有不合,就认为这人"和自己不是一路人"。对于此类不合理信念,我们需要注意的是:评价一件事而不是评价一个人,即对事不对人。

　　糟糕至极是一种对事物的后果做出非常可怕、非常糟糕的预期信念。认为一件不如意的事情发生了,将是"灭顶之灾""大难临头",从而消极预测未来而不考虑其他的结果。如考试前,有的学生会想"到时候我会很紧张的""我肯定会考砸的"等。这种糟糕至极的消极暗示,会加重自己的焦虑、自责、悲观、抑郁等负面情绪。这种信念之所以是非理性的,是因为在同一件事情上,幸与不幸是彼此相连的,没有任何一件事情被定义为百分百糟糕透了。若我们只看到暂时的结果,而忽视了事件的全部,就会得出片面的认识。并且对于任何一件事情来说,也可能还有更糟糕的情形出现。

　　存在不合理认知的人,即便这个社会是平等的,也会被他理解为不平等。他会把自己当作受害人,当作可怜人,通过抱怨和怨愤来面对自己当前的处境,这实际上就是一种"自我示弱""自我贬低"的表现。

　　高中阶段作为青少年价值观树立的关键时期,培养他们的平等心,改善他们的不合理认知,对于践行"平等"价值观,具有非常重要的意义。

三、活动设计

通过展示对生活中常见的事例,帮助学生认识不合理认知;通过不合理认知的辩驳,帮助学生纠正不合理认知;通过教师介绍正确归因方式,可以帮助学生掌握合理归因。

四、活动目标

1. 了解不合理认知与平等心培养的关系。

2. 提高自己的理性认识,自觉践行平等价值观。

3. 以平等心对待身边事物。

五、参考方法

本课主要使用的教学方法是辩论。

辩论也称论辩,是指意见相悖的双方或多方围绕一个或几个问题展开争辩,以确立自己的观点、驳斥对方观点的一种口语形式。辩论有助于人们发现和认识真理,增长人们的知识,同时也可以提高自己的应变能力,开发人的智力。

本节课运用不合理认知的辩论,一则可以激发学生参与的积极性,二则可以更好地让学生改善自己的不合理认知,掌握合理认知的思考方向。

六、活动准备

1. A4 纸、笔。

2. PPT 课件。

七、活动过程

（一）导入阶段

1. 歌曲导入

教师播放社会主义核心价值观组歌《平等歌》。

设计意图：以歌曲开场，可以活跃课堂气氛，调动学生的学习积极性，同时也容易把学生带入平等观的学习中。

2. 学生分享

教师引导学生思考，听完歌曲后，有什么收获。

设计意图：启发学生思考，有利于学生快速进入本节课的主题。

3. 教师引导

教师引导学生思考：平等是需要维护的，大家知道如何守护平等吗？

设计意图：启发学生思考如何维护平等，为下一环节不合理认知的讲解作铺垫。

4. 学生回答

学生根据自己的理解，举手发言如何维护平等。

设计意图：进行"头脑风暴"，既开动了学生脑力，又有利于教师了解学生维护平等的方法。

（二）实施阶段

1. 介绍情境

教师课件展示一个案例：有一天我们班同学都在为第二天的体操比赛做最后的冲刺，小新没有好好练习，体育委员见状就把他狠狠批评了一顿。刚开始，小新对体育委员拿他开刀很是不满，可后来，想到明天班上的体操比赛会因为自己拿倒数第一，他就越来越害怕，越来越自责。于是，小新极力调整自己，试图跟上同学的步伐，但越想做好就越做不好，忸怩的动作时常引得同学哄堂大笑。小新为此非常焦虑，夜间还经常失眠，觉得自己活得太失败了,甚至还有自杀的念头。

设计意图:案例故事,能够激发学生的学习兴趣,引导学生主动关注故事主人公的不合理认知。

2.学生发言

案例中的小新为何会焦虑,他的哪些认知是不合理的?

设计意图:启发学生思考,有利于教师及时了解学生对于不合理认知的认识水平。

3.教师讲解

教师讲解不合理认知常见的类型:绝对化要求、过分概括、糟糕至极,并邀请学生拓展补充生活中常见现象。

设计意图:教师讲解不合理认知,学生用事例解释不合理认知,可以强化他们对不合理认知的理解。

4.小组讨论

(1)平等与不合理认知的关系。

(2)如何纠正不合理认知?

设计意图:启发学生思考,开发学生的聪明才智。

5.小组辩论

两个小组之间进行不合理认知的辩论。

设计意图:通过辩论的形式,能让学生快速纠正自己的不合理认知,深化对不合理认知的理解。

6.教师反馈

根据小组的辩论结果,老师及时反馈。

设计意图:教师作为学生的引路人,及时反馈,能让学生了解到自己的辩论效果,进而使学生及时调整自己的言行。

（三）结束阶段

教师带领全班学生进行本节课程的知识点回顾，并进行升华总结。

设计意图：回顾课程内容和教学过程，既温习了此次课程的知识点，也是对教师是否完成教学目标的检验。

八、注意事项

1. 提前准备不合理认知常见的表现。

2. 可以两组就同一类不合理认知进行辩驳讨论。

3. 提前讲解辩驳的要求，避免辩驳观点成为新的不合理认知。

九、拓展阅读

国际抗疫中的"不平等"现象亟待共同应对

一部人类史就是与歧视抗争的历史。《世界人权宣言》庄严宣告："人人有资格享有本宣言所载的一切权利和自由，不分种族、肤色、性别、语言、宗教、政治或其他见解、国籍或社会出身、财产、出生或其他身份等任何区别。"然而，细观世界各国的疫情防控，就会发现，疫情对穷人、老人、女性、少数族裔等的影响尤其严重，弱势群体遭受不公正、不平等的待遇，实现平等的理想之路并不平坦。

穷人遭遇疫情，要比富人难过得多。以美国为例，白领们可以远程办公，富人们可以躲进乡间别墅，他们的安全可以得到很好的保障。穷人们为了维持生计，不得不从事高风险工作，更容易被感染。结果，穷人比例越高的地区，疫情就越严重。曾担任劳工部长的美国经济学家赖希指出，疫情暴露出美国新的阶级分化和不平等，四个新的阶级引人注目：领取和居家隔离前差不多薪水的远程工作者；护士、保姆、卡车司机、环卫工人、警察等基础劳工；曾在零售业、餐厅和酒店等处工作的无薪者；监狱、非法移民拘留所、印第安人保留地、无家可归者的收容所等处的被遗忘者。后三个阶级中，穷人、非裔和拉丁裔人占比较高,受感染的比例也远高于其他群体。

居家隔离和保持社交距离是阻隔病毒传播、控制疫情的有效手段,可是,对穷人来说,居家未必就能隔离。在印度孟买的一个贫民窟里,2平方公里的面积里居住着100多万人;不足10平方米的房子,住着10多个人;破旧的棚子一间挨着一间,掀开帘子就是别人的家;上千人共用一个厕所。在这样的生存条件下,怎么实现居家隔离?怎么保持社交距离?

疫情中,性别不平等和性别暴力也更加突出。联合国妇女署4月发布的一份报告指出,亚太地区的性别不平等现象,将随着新冠肺炎疫情的蔓延而加剧,可能会造成妇女和女童的处境更加艰难。在拉丁美洲,性别歧视比较严重,甚至有性别暴力。一份报告显示,在阿根廷,隔离措施使女性遭遇更多暴力。

老年人能不能够、应不应该在疫情中得到平等对待,更是对现代文明的考问。国际抗疫中,中国救治重症老人的情况被视作人道主义案例。但很多国家的养老院成为重灾区,被感染的老人也很难以同等的机会被收治。在以高福利著称的北欧国家瑞典,政府在3月份发布一份指导文件规定,在重症监护资源紧缺的情况下,病人的生理年龄可以作为优先选择救治的分级指标。同样的事情也发生在欧美其他国家。

疫情中,平等在国籍和种族面前也打了折扣。新加坡行动早,措施有力,有效地保护了本国公民,曾被视作抗击疫情的典范。4月中旬,新加坡的感染者数量陡然上升,而被感染者主要是外籍劳工,可见对他们的保护还力有不逮。有众多外籍劳工的阿联酋也发生了类似情况。在瑞典,外来移民和难民群体成为疫情的重灾区。

除了非本国公民难以享受到与本国公民同等待遇之外,种族主义势力抬头就更值得警惕了。疫情发生后,亚裔在世界范围内面临着愈演愈烈的种族歧视和种族仇恨。在美国,每天报告的针对亚裔的歧视事件有100起左右,包括言语骚扰、刻意回避、殴打等。在澳大利亚,有人谩骂亚裔人士,称他们是"病毒携带者",对他们进行威胁,甚至发动袭击。在阿根廷,开在贫民窟附近的华人店铺被抢劫。

作为社会主义国家,公平是中国一贯追求的目标。在抗疫过程中,中国政府坚守人道主义底线,维护弱势群体权益,即便医疗资源紧张,也绝不放弃救治高龄患者,做到了应收尽收、治疗费用全免。这些做法,是对平等这一社会主义核心价值观的坚守。但面对整个国际抗疫大局,中国一己之力是不够的。各国际组织和世界各国,特别是大国强国,都需要充分发挥自己的作用,让国际秩序更加公正合理,对他国的不幸伸出援手,从根本上解决国内深层次的社会问题,平等对待生活在本国的不同人群,坚决遏制种族主义,如此,人类的生存环境才不会恶化,我们才会拥有光明的未来。

第七课 公 正

公正心态我来教

课程概述:高中生的公正信念随着年级的升高而呈现下降的趋势,如何加强高中生的公正心态,提高他们对公正的认识和践行公正的决心,是当前教学的重点和难点。本课借由"公正心态我来教",通过学生互相点评,既提高学生的比较和分析能力,也加强他们对公正的认识与理解,强化了他们践行"公正"的决心。

关键词:国家;社会;个人;公正心态;学生互评

一、学情分析

青少年处于心理发展的敏感期,存在较高的公正敏感性,这种敏感性会让他们更关注公平与否,只有当他们觉得自己的付出与回报与他人相比是相同时,才会觉得公平。然而这种付出与回报与他人相比存在差异的现象在高中阶段时有发生。

例如,青少年在学业上付出的努力并不一定带来相应的学业成绩,并且可能会受到老师或家长的责备,与那些付出少却得到了好的成绩的人相比,他们会感受到更多的不公平,导致出现公平认识误差。

随着年纪的增长，高中生面临的各种压力（如现实与理想的差距）递增，并不是所有的付出都会换来好的结果，再加上该年龄段敏感（对于公正的过度关注）的心理特点，公正世界信念的下降趋势显而易见。

调查研究显示，高中生在高中三年这一时间段内，学生不论是整体的公正世界信念，还是个人和一般公正世界信念这两个维度，均存在显著下降的趋势。

其实，公正世界信念的高低与否，与学业成绩也是挂钩的。对正义世界有较高信念的学生倾向于相信世界是公正和公平的，从而导致更多的亲社会行为，如对老师会有更多的信任，对学校生活的满意度也会更高，更愿意通过努力取得好成绩，即便学习成绩不好，他们更倾向于进行内部可控性归因，进而持续投入学习热情。

高中生公正世界信念的高低和公正核心价值观的践行也有着密切的关系。如果他们不相信社会有公正可言，就不会主动去践行公正价值观。因此，如何提高高中生的公正信念，改善他们的公正认知，显得尤为重要。

二、活动理念

要想明确高中生公正世界信念下降的原因，还需对公正世界信念的来源与发展有一个基本的了解。

1. 公正世界信念

公正世界信念是指："个体有一种需要：相信他们生活在一个公正的世界里，在这个世界里人们得其所应得，所得即应得。"这种信念反映了人们对世界、对社会的看法，它使人们相信自己所处的物理和社会环境是稳定有序的，是可以控制的，从而使个体去适应环境，为自己的长远目标进行投资。

公正世界信念能促使个体公正行事。高公正世界信念个体更倾向公正行事，在现实中建立公正，通过公正的方式来实现人生目标。高公正世界信念者越有可能去援助那些需要帮助的人，且有较少的失职行为，他们尽力避免自身的不公正行为,努力使自己公正行事。

在人的一生中,公正世界信念最早出现于儿童时期。皮亚杰的道德认知发展论和正义动机理论均认为,个体在儿童期内采用"内在公正"的道德认知方式,即好人有好报,坏人有坏报。个体在儿童期内采用"内在公正"的道德认知方式,即好人有好报,坏人有坏报。儿童为了获得更有价值的目标和结果,避免受到惩罚,会抑制自己当前需要的满足。

儿童之所以延迟满足,是因为他们与自己达成了一项承诺,即"个人契约"(如果追加额外的投入,放弃暂时需要的满足,而更有价值的目标,期待的结果可以出现的,这就是所谓的"个人契约")。他们得知如果遵守社会和道德准则,个体所期望的公正对待是可以实现的。

但随着儿童的年龄增长,青少年期个体的公正判断不再像儿童期那样单纯,随机事件的发生和个人不公平的经历会逐渐威胁到他们之前的信念,导致他们的公正世界信念与童年期相比会有所下降。

2.公正心态的培养措施

如何让人们感觉到公平?培养公正心态是一个系统工程,需要从国家制度层面、社会环境层面和个人积极心态方面下功夫。

国家制度层面,推进科学合理的制度体系建设。客观公正、科学合理的制度体系能够最大限度增加社会和谐,这是维护社会公平正义的重要保证。因此国家需要完善民主制度,确保公民平等地行使民主权利,努力营造公正的社会环境,保证人民平等参与、平等发展的权利。

社会环境层面,形成良好的社会公正氛围。其一,加强公正教育。践行"公正"的核心价值观,需要将公正教育落实到教学过程和教学管理服务的每个环节,夯实社会主义的思想道德基础。其二,需要发挥大众传媒对"公正"理念的宣传作用,通过报纸、杂志、影视作品、网络等途径及时发布涉及公众利益的重要信息,正确把握舆论导向,向社会传递"公正"价值观,不断优化社会风气,促进社会主义和谐发展。

个人层面,就是要培育自己的公正心态。培养广大民众的积极心态,可以从心理学入手,不要让民众认为自己在被教育,而是要让他们觉得这个制度的确很好,的确会让他们觉得幸福快乐。

三、活动设计

通过总结公正心态的培育方法,间接强化学生的公正行为与公正心态;通过学生点评,来检验学生的公正能力与公正认知。

四、活动目标

1. 全面了解公正。

2. 培养公正心态。

3. 树立自觉践行公正的意识与决心。

五、参考方法

本节课主要使用的教学方法是学生互评。

学生相互评价时往往是站在同一个高度来看问题,这样更直接,也更容易被学生所接受。同时学生在评价别人的同时,自己也会加深认识,甚至是对问题的理解上了一个层次,从而提高学生的比较和分析能力。

本节课采用"公正心态我来教",让学生相互点评,这样这样做更有利于调动学生积极性,使学生成为学习的主人。在学生进行评价的同时,自己的思维能力和语言表达能力也得到了提高。

六、活动准备

1. 课件 PPT。

2. A4 纸、笔。

七、活动过程

（一）导入阶段

1. 事件导入

教师讲解、展示公正的三个层面（国家、社会、个人）的事件，引导学生思考如何守护公正。

设计意图：事件导入，激发学生的兴趣与参与热情。

2. 学生回答

学生举手发言。

设计意图：给学生提供表达交流的机会。

3. 教师引导

根据学生的发言，教师引导学生如何进行公正心态的培养。

设计意图：承上启下，为下文小组讨论作铺垫。

（二）实施阶段

1. 小组讨论

分小组合作，讨论三个层面具体的行动建议和行动理由。

设计意图：充分发挥小组成员的主观能动性，锻炼小组成员的合作能力。

2. 小组分享

小组派代表在讲堂前面分享讨论结果。

设计意图：展示讨论成果，为下一步小组点评作铺垫。

3. 学生点评

各小组分享完毕后，请学生进行点评，点评细节包括：哪个组分享得好，其中哪个建议最让你印象深刻，为什么？或者谈哪个组的哪条建议不好，理由是什么？如果是你，你会怎么做？

设计意图：充分发挥学生守护公正的主人翁意识，加强对公正的认识，培养他们公正从我做起的决心与行动力。

4.教师反馈

教师进行点评,总结。

设计意图:小组的讨论结果和点评及时得到教师的反馈与引领,能够强化他们的守护公正的决心。

（三）结束阶段

教师带领学生进行课程回顾与总结。

设计意图:回顾课程内容与上课过程,检验学生对课程内容的掌握程度。

八、注意事项

1.由于讨论涉及三个方面,这个过程可以适当延长一些。

2.如果学生能力有限,讨论不能涵盖三个层面,教师可以适当地进行引导。

3.学生点评时,一定要有具体理由,不能只是说哪个组好哪个组不好。

九、拓展阅读

守护"奋斗改变命运"这一社会公平基石

"君子自强不息""奋斗改变命运",这是千百年来中国人的不变信仰。在现实与历史的交汇中,我们触碰到的,是高考之于社会进步的紧密关联,是知识之于国家民族的强劲脉动。那份对高考背后公正价值的坚信,仍是今日中国弥足珍贵的财富。

2020 年高考正在进行,全国千余万考生为梦想而战。这是考试招生制度改革进入攻坚期的一次高考,更是因抗疫延期一个月后,常态化防控背景下全国范围内规模最大的一次有组织的集体性活动。多重"特殊性"交织,让这场高考在选拔与评价功能之外,寄托了更多的关注与期许。

高考,是许多中国人毕生难忘的成人礼,见证奋斗,记录成长;是每年夏日备受瞩目的大事件,举家动员,举国关注。每逢"高考时间"来临,奋进的标语,激昂的口号,坚毅的目光,浩大的送行,总能登上热搜,激荡着大家心中的"高考记忆"。

而今年,突如其来的疫情打乱了学子们学习备考的节奏,在加油冲刺的关键时刻,他们一边关注自己和家人的健康,一边稳住心神、潜心备考,始料未及,却迎难而上。难忘方舱医院中那灯下苦练的乐观微笑,难忘寒冷山顶上那伴着风声听网课的坚定眼神,难忘线上百日誓师那隔着屏幕传递出的必胜信念……努力拼搏的身影,肩负着改变命运的希望,所有的波折,都注定将成为他们青春记忆中永恒的标点。

"君子自强不息""奋斗改变命运",这是千百年来中国人的不变信仰。科举制度的诞生,打破了"上品无寒门"的阶层固化,让"朝为田舍郎,暮登天子堂"成为可能,史学家感慨:"此 1000 年来,中国社会上再无固定之特殊阶级出现。"而回望 43 年前的那个冬天,当 570 万考生从农田、从工厂、从营房、从牧区,从祖国的大江南北,涌进准备得稍显仓促的考场,一个国家"春天故事"的序曲就此展开。

据统计,恢复高考以来,中国有超过 1 亿人通过高考进入大学,成长为各行各业的中坚;中国的劳动力平均受教育年限从 5.7 年提高到 11.9 年,人口素质完成了质的飞跃。在现实与历史的交汇中,我们触碰到的,是高考之于社会进步的紧密关联,是知识之于国家民族的强劲脉动。"奋斗改变命运""知识改变命运"的价值内核,激励着一代代学子为了梦想坚毅打拼。

40 多年一路走来,高考的意义也早已超越昨天。对现在的年轻人来说,高考是一次重要的机会,却已不是改变命运的唯一机会,个人成才的途径正变得日益多元。但置身时代场景的变换当中,高考依然是社会向上流动的重要途径,教育公平依然是社会公平最重要的底线。

反观世界上一些国家,教育资源被明码标价,教育不公也成为社会最坚硬的天花板,难以突破的阶层固化成为社会治理之痛。从这个意义上说,高考制度是舒缓社会张力的"泄压阀",那份对高考背后公正价值的坚信,仍是今日中国弥足珍贵的财富。

公平是高考的价值内核,维护公平则是高考改革始终坚持的价值维度。40多年走来,高考制度从恢复、坚持到一路完善、变革。"异地高考"破冰前行,"3+X""3+3"方案全面发展,"自强计划"范围逐步扩大……以问题为导向,高考始终在动态改革中最大限度地兼顾形式公平与实质公平,守护着整个社会对知识的珍视和渴求。

2020年,4个省份迎来高考综合改革的"首考落地",社会在深刻转型,利益主体不断变迁,评价方式不断多元,这些"变量"都决定了高考改革只有"进行时"没有"完成时"。

"一个国家的教育是什么样子,它的明天就是什么样子。"坦率地说,很少有哪个国家的大学入学考试,像中国的高考一样承载着如此多的期待。"知识的春天"犹在,"发展的春天"犹在。守护好这份弥足珍贵的公平,国家发展和民族复兴的大厦就能始终坚稳。

第八课 法 治

模 拟 法 庭

课程概述:高中生虽然对法律法规有一定的了解,但是他们还不具备运用这些法规来进行自我保护的意识与能力。因此,如何运用法律武器维护自己的合法权益,培养学生具备法治信仰和法律精神,是现阶段的教学重点。本课借由"模拟法庭"探究式学习活动,让学生运用法律知识解决实际问题,将理论知识与实践结合在一起,有利于学生践行"法治"价值观。

关键词:模拟法庭;法官;法治践行

一、学情分析

近年来,法治意识在我们的社会生活中发挥了愈加重要的作用,依法治国的观念更加深入人心。青少年是祖国的未来、民族的希望,是我国社会主义的接班人,他们的法治意识现状及成长关乎家庭、学校、社会以及国家的发展。

由于高中生身心发展的阶段性特点,他们难以理解和熟练掌握系统的法律基础知识。对于《中华人民共和国未成年人保护法》这部青少年合法权益的重要法律规范,大多数高中生都有所了解,但达到非常熟悉和了解的学生却是少之又少。对于其他法律法规,更是知之甚少。

由于没有熟悉掌握法律知识,高中生的自我保护意识也很薄弱。调查显示:56.8%学生会拿起法律武器来维护自己的合法权益,但只有12.6%的学生表示自己很熟悉法律维权途径和程序,57.7%的学生甚至不能明确区分违法与犯罪的界限。这反映了学校对中学生法律意识教育的薄弱。

很多学校目前没有开设专门法律意识教育课程,也没有专门的法律意识教材和法治教育教师。有些学校即便设置了法律意识教育课程,但课时安排却很少,每个学期可能只有1—2节。

普法工作要在针对性和实效性上下功夫,特别是要加强青少年法治教育,不断提升全体公民法治意识和法治素养。

虽然现在法治教育已纳入国民教育体系,教育部等相关部门也制定了青少年法治教育大纲,但是高中生的法律意识并没有非常明显的提高。青少年法治教育这项事业仍需要广大教育工作者持之以恒、深耕细作。

二、活动理念

当前,国家对高中生法治意识的培育十分重视,如何有效培育学生的法治意识也是教育工作者一直探讨的问题。模拟法庭作为法治教育的教学方式之一,逐渐被运用于中学课堂,取得一定良好的教学效果。

模拟法庭是对真实法庭审理审判过程的一种虚拟,为了满足法治教学需要和学校法治宣传的工作需要,由在校学生或其他工作人员通过模拟法庭审判活动,是学校法治实践性教学的重要表现方式。

在教师的专业指导下,由每位学生具体扮演为开庭法官、检察官、律师、证人、犯罪嫌疑人、法警、旁听观众等,通过法庭案情处理分析、角色定位划分、法律文书准备、预演、正式开庭等环节,模拟刑事、民事、行政审判及民事仲裁的整个过程。

模拟法庭的教学目标在于:通过课堂让广大学生亲身参与整个模拟真

实案件的开庭审理过程,学生不仅能够切身感受我国法律的庄重威严和社会公平正义,还能充分了解和熟练掌握法庭处理此类案件的基本方法和技巧,锻炼他们的法治思维,从而不断提升自身的法治意识。

模拟法庭教学是一种以学生为主体的教学方式,打破以往高中思想政治课较为单一的教学方式,在高中思想政治课中更加创造性地运用模拟真实法庭进行教学,对加快培养高中生法治意识有着重要的推动作用。

激发学习兴趣。模拟真实法庭的课堂教学突出了学生的学习主体性,通过组织开展模拟法庭教学活动,把课堂搬迁到模拟法庭活动中,学生俨然变身为审判员、检察官、律师、辩护人、被告人、书记员、证人、法警等众多不同角色,大大提高了中学生的法治课堂参与度。在模拟法庭中,学生不再是被动的知识接受者,而是主动的学习者,学生通过自导自演、相互交流探讨、深入互动学习,提高学生自主学习法治知识的积极性和主动性。

见证法治价值。模拟法庭中学生能深刻体会到法庭审理的最终目的是为了查明案件事实真相,保护公民的合法正当权益,深刻体会法律面前人人平等,违法者必将受到法律的严厉制裁。学生在参与模拟法庭的实践过程中,见证了法律具有有效解决纠纷和制裁犯罪,惩恶扬善、伸张正义、公正平等维护我国公民合法权益的价值。

学习法治知识。在模拟法庭案件审理中,法治理论与法治实践相结合,学生易于理解和掌握基础法律知识,如学生对于审理的合法程序、如何规范分析案情、如何审判定罪、如何规范运用法言法语等法律基本常识和庭审过程有了更深入的学习,在学习过程中自主构建自身的法治知识体系。

锻炼法治思维。在模拟法庭中,学生对真实案情进行深入分析,对于实际案件中的一系列法律问题进行深入探讨,同时结合自己所学的相关法律知识和教师的专业指导意见,严格按照法律程序与操作规则,制定多种解决方案,选择最佳解决方案并实施,最终有效解决实际问题。这样的学习过程,锻炼学生在现实生活中遇到问题时,能够理性分析,依法合法处理,有助于培养学生的法律程序与规则意识,学生的法治思维得到有效锻炼。

树立法律信仰。在模拟法庭教学过程中,学生不仅能深入理解法律在现代社会中具有重要作用,而且能深刻把握中国特色社会主义国家法治的根本精髓,从而真正树立起对我国社会主义法律的信仰,做一名真正尊法又守法的中国公民。

三、活动设计

通过模拟法庭,能将法治理论的书本知识转化为更具有可操作性的法律知识。在模拟法庭案件审理中,法治理论与法治实践相结合,学生也易于理解掌握基础法律知识,在学习过程中自主构建自身的法治知识体系,同时教育学生有序参与公共事务,勇于承担社会责任。

四、活动目标

1. 熟悉庭审业务,了解基本的诉讼技巧。

2. 把握法律职业伦理标准,使学生具备法治信仰和法律精神。

3. 具有法治让社会更和谐、更美好的认知和情感。

五、参考方法

本节课主要运用的教学方法是"模拟法庭"。

模拟法庭是运用法律知识解决实际问题的过程,也是对相关法律知识的再记忆过程。学生真正成为学习的主人,不再是被动的知识接受者,而是活动的参与者,学生获得的学习认知体验要远远超过传统教学模式,学生的法治思维得到提升,可以带来真切、明晰、高效的教学效果。

本节课中,学生通过模拟法庭,置身于真实的法律情境中,运用自己所学的法律知识,来锻炼他们综合运用知识分析和解决问题的能力。这种方式打破传统理论知识的授课模式,让学生在自主体验中提高法律意识,增强自我保护能力,预防和远离违法犯罪。

六、活动准备

1. 人员设置:审判长 1 名、陪审员 2 名、公诉人 2 名、书记员 1 名、法警 4 名、律师 2 名、被告人 2 名、证人 2 名。

2. 环境布置:(1)教学楼大背景墙上正中悬挂国徽一枚。(2)主席台放当中,其上摆放审判长、陪审员的指示牌,前方放置书记员工作桌。(3)主席台左侧放置公诉席,其上摆放公诉人的指示牌。(4)主席台右侧放置辩护席,其上摆放辩护人的指示牌。(5)主席台正前方放置被告席,其上摆放被告人的指示牌。(6)在被告席和书记员工作桌中间,选个位置放置证人席。(公布给学生,学生根据自己的实际情况自主选择。其余的同学为陪审团或群众。)

3. 器材准备:国徽一枚,法官袍一件,警察制服四套,律师服一套,检查服两套,指示牌若干。

4. 案件准备:教师提前在网络上搜集相关案例。

七、活动过程

(一)导入阶段

1. 视频播放

教师播放准备好的庭审视频,供学生观摩和熟悉。

设计意图:学生熟悉庭审规则,为下一步模拟庭审做准备。

2. 教师讲解

教师讲解角色分工。

设计意图:学生明确自己的职责后,更有利于下一步的演练。

3. 提问学生

根据提前设分配好的角色,教师进行随机提问。

设计意图:随机抽查学生对自己角色的掌握程度。

（二）实施阶段

1. 案件展示

教师提供一个案件情境。

设计意图:学生分析案例,模拟排练。

2. 模拟法庭

学生按照分配的角色进行庭审演绎。

设计意图:进行探究式学习,锻炼学生分析问题和解决问题的能力。

3. 师生点评

模拟法庭结束后,充当观众的学生和老师就庭审过程和庭审表现进行点评。

设计意图:反馈学生的庭审表演,及时指出他们的优势与不足,让庭审演员们能够清楚自己改正的方向。

（三）结束阶段

教师引导学生进行课堂回顾和总结。

设计意图:检验学生知识和技能掌握的程度,此次教学目标是否完成。

八、注意事项

1. 分配好角色后,学生要严肃、认真、严格地遵守纪律和庭审程序。

2. 按照庭审步骤完成每一阶段的任务。

3. 作为观众的旁听者全程要认真听,可以适当做笔录,庭审结束后可以先由他们进行庭审的点评。

4. 如果时间允许,也可以让参加庭审的学生谈谈自己的收获和想法。

九、拓展阅读

少年法庭的独立职能定位

一种独立审判组织的设立与否,取决于履行审判职能的需要,这种需要不仅是案件数量上的,更是审判质量和效果上的。少年审判的特殊实体法规定和程序法要求,以及对法官特殊职业能力的需要,决定了少年法庭具有独立的职能定位,人民法院应以恰当的机构设置保证其正常发挥未成年人保护的司法职能。

30多年来,我国少年法庭工作不断发展,在机构设置、队伍建设、审判机制、社会效果等方面都取得了令人瞩目的成绩。一些发展成果被制度固定下来,比如我国刑事诉讼法规定,中级和基层人民法院可以设立独立建制的未成年人案件审判庭;高级人民法院应当在刑事审判庭内设立未成年人刑事案件合议庭;具备条件的可以设立独立建制的未成年人案件审判庭。但是现实中地区差异还是很明显,只有少数地区的法院按照法律规定设置了少年法庭(未成年人案件审判庭),甚至有些地方的少年法庭处于被撤并的境地。这说明对于少年法庭的独立职能定位还没有形成广泛的共识。在当前部分地区少年法庭案件数量减少和内设机构改革的形势下,如何正确对待少年法庭的发展,成为一个急迫的问题。一般而言,考量设置一种专门审判机构的必要性,除案件数量外,要看其所受理的案件是否具备三个方面的特性,即实体法的特殊性、诉讼程序的专门性,以及审判人员的专业性。因此有必要分析少年法庭所受理案件的特性。

第一,少年案件在实体法上的特殊性。案件所适用的不同实体法决定了不同的审判依据和理念,往往是设立独立审判机构的首要因素。

考察少年案件是否具备实体法上的特殊性,主要看两个方面,一是与普通刑事案件的区别,二是与家事案件的区别。

与普通刑事案件相比,少年审判有不同的实体法规范和司法理念:我国未成年人保护法专门就青少年司法保护作了规定,对违法犯罪的未成年人,实行"教育、感化、挽救"的方针,坚持"教育为主、惩罚为辅"的原则和"寓教于审"的工作方法,从司法的程序和实体均作了不同于一般案件的规定。

刑法也对少年犯罪作出了特殊的规定,比如,未满 14 岁的儿童,不得被追究刑事责任。年满 14 岁但未满 16 岁的少年,只能追究八种犯罪行为的刑事责任,14 岁至 18 岁的未成年人犯罪,依法从轻或者减轻处罚。我国参与的一些国际条约也对未成年人犯罪作出了规定,比如《少年司法最低限度标准规则》《联合国预防少年犯罪准则》等。

在民事方面,少年审判与家事审判似乎有一定相似的理念,但是由于诉讼主体存在根本区别,家事审判与少年审判的分工与区别也是明显的:家事案件往往是家庭成员之间的纠纷,属于平等主体之间的利益纷争,如夫妻离婚,强调的是男女平等。而少年案件审判强调保护儿童利益,以儿童利益作为纠纷争议的焦点的,都应当作为少年案件对待。在这一点上,我们需要改变一些传统的观念,很多人长期以来把子女抚养、未成年人继承案件视为夫妻离婚或者家庭纠纷的附带争议,甚至将子女抚养看作夫妻离婚争议的客体。其实夫妻离婚,如果涉及子女抚养的话,首先应当考虑的是子女抚养问题,其次才是离婚问题。因此应当将涉少离婚案件、离婚后未成年人抚养案件、涉少侵权案件等纳入少年法庭的受案范围。从国外情况看,在英国的英格兰和威尔士,长期以来家事法庭与少年法院是并列为一审法院的。

第二,少年案件诉讼程序的专门性。相对于实体法规范,诉讼程序是区别审判机构职能的更显著标志。

我国刑事诉讼法以及刑事诉讼法司法解释都设专门的一章,对少年案件的审理程序进行了专门规定。比如,公安机关、人民检察院、人民法院办理未成年人刑事案件,根据情况可以对未成年犯罪嫌疑人、被告人的成长经历、犯罪原因、监护教育等情况进行调查;对于审判的时候被告人不满十八周岁的案件,不公开审理。在实践中,有关少年案件(及有关上诉案件)的报道,一般不提及有关未成年人(不论是被告或证人)的个人信息如姓名、地址或就读学校等;少年法庭一般使用浅白的语言向其解释控罪内容、确保被告控罪的性质。为了保障未成年被告人利益,法庭可以强制其父母或监护人出席或者离开法庭。当前我国正在探索未成年人犯罪记录封存制度。可以看出,在少年案件审判的几乎每一个环节,都有特殊措施,与一般刑事诉讼程序存在着明显区别。

第三,少年案件法官的专业性。专业化的法官往往是设立专门审判机构的直接体现。

我国未成年人保护法规定,对于未成年人案件,司法机关根据需要设立专门机构或者指定专人办理。刑事诉讼法规定,人民法院、人民检察院和公安机关办理未成年人刑事案件,应当保障未成年人行使其诉讼权利,保障未成年人得到法律帮助,并由熟悉未成年人身心特点的审判人员、检察人员、侦查人员承办。可见,审理少年案件的法官应当具备专门的知识,如青少年心理学、社会学、传播学等,更重要的是,少年审判的专门理念和职业技能,不是未经专门训练的司法人员所轻易具备的。如果将少年案件放在一般审判组织进行审判,少年审判的程序法与实体法的特殊性很可能不被重视甚至被忽略,法律关于少年保护的规定难以落实,审判难以达到应有的社会效果。所以,只有专业化的法官才可以胜任少年审判工作,实现少年审判的"教育、感化、挽救"的效果。

少年法庭设立30多年来,我国少年审判所呈现的上述三个特性不仅没有削弱,而且呈逐步加强趋势。这些特性决定了少年法庭作为审判精细化分工发展的正当性,也是少年法庭独立职能的基础所在。此外,网络技术的发展将进一步凸显少年法庭的独立职能地位。伴随网络犯罪低龄化现象日趋普遍,未成年人成为网络犯罪的实施者已经不再罕见。如何应对持续增加的未成年人网络犯罪将是我国司法面临的一项艰巨任务,也将成为凸显少年法庭独立职能地位的重要因素。

总之,一种独立审判组织的设立与否,取决于履行审判职能的需要,这种需要不仅是案件数量上的,更是审判质量和效果上的。少年审判的特殊实体法规定和程序法要求,以及对法官特殊职业能力的需要,决定了少年法庭具有独立的职能定位,人民法院应以恰当的机构设置保证其正常发挥未成年人保护的司法职能。

第九课　爱　国

我和我的祖国

课程概要:高中生的爱国主义情感日渐丰富,但由于思维能力和知识经验的局限,这种高级的爱国主义情感还比较肤浅。如何让学生明白真正的爱国情感应该是持久的、深沉的、坚定的,是本课教学的重点。本课借由《我和我的祖国》诗歌创作,抒发自己对祖国的感情,进而将自己的感情升华,树立报效祖国、努力学习的坚定决心。

关键词:我和我的祖国;电影教育;诗歌创作;诗歌评选

一、学情分析

高中学生在小学、初中阶段通过各种教育途径获得了有关基本国情和国家形象的基本感性认知。随着年龄的不断增长,高中生智力水平有了较大发展,并且已经具备了较高的抽象思维能力,对国家制度、政治、经济、文化以及个人与国家的关系有更深层的认识和理解,不仅明确了爱国主义"爱什么",而且通过思维分析能明白"为什么爱"以及"如何爱"。

高中生的爱国主义情感也日渐丰富。他们的爱国情感大概分为三个层次:

一是直接通过感官受到实物刺激所形成的爱国主义情感,如参观浏览而获得。但如果不进一步巩固,这种情感短暂易逝。

二是由文字、故事等间接材料引发的爱国主义情感,如观看爱国电影或聆听典型人物的爱国故事,这种感情比较强烈,感受更深刻。

三是基于直接或间接经验,个人对于国家持久稳定的自豪感和责任感。

由于高中生心理的不断成熟,他们更趋向于第三个情感层次,情感内容的社会性不断增强,如道德感、理智感、责任感等,但由于思维能力和知识经验的局限,这种高级的爱国主义情感还比较肤浅,容易从一个极端走向另一个极端。

比如在看完像《战狼Ⅱ》这样一部极具爱国主义情怀的电影之后,学生的情绪被点燃,爱国主义情感非常高涨。但往往停留在当时的情感渲染中,如果不加以引导、深化和巩固,这种情感就会慢慢消退。甚至在看到有关国家的负面报道或抹黑中国的言论时,还会对祖国失去信心。

还有的学生认为爱国就要这么轰轰烈烈,就是在国家危难的时候能挺身而出,认为自己是有爱国情怀的,只是苦于没有机会而已。

其实这些都仅仅停留在浅层次的爱国情感之中,他们并不明白真正的爱国情感应该是持久的、深沉的。

此外,高中生的爱国主义意志还不够坚定,持久性和耐挫力不足。比如在全球化、信息化的大背景下,学生获取信息的渠道和信息的数量都非常多,面对国外敌对势力丑化、否定我国社会制度、价值观念的言论和行为,如不能科学分析、揭露其真实目的,就会使一部分学生对共产主义理想、国家制度产生怀疑。

所以,在对高中生进行爱国主义教育时,一定要注意学生爱国主义情感的培育,更要注重爱国主义情感的引导。对于社会上出现的一些负面消息或现象,教师要帮助他们通过所学知识和思辨能力解决这一情感上的矛盾和冲突,在这一过程中深化学生爱国主义情感。

二、活动理念

学校在对高中生进行爱国教育时,可以进一步丰富教学内容和形式,采用一些学生感兴趣的方式来对学生进行教育,比如说借助影像媒体或者采用诗歌创作的方式。

1. 影视教育

影视教育是以电影电视为主的活动影像为对象的教育活动的通称。电影是迄今影响最广泛的活动影像媒体。

1996 年,国家教委、广播电影电视部和文化部联合下发了《关于做好中小学生教育影视片推荐和发行放映工作的通知》,首次以文件形式正式提出青少年电影教育任务,其主要目的是对广大中小学生进行爱国主义教育。

2008 年,由教育部、国家发展和改革委员会、财政部、文化部和国家广播电影电视总局发布的《关于进一步开展中小学影视教育的通知》更明确要求:"将影视教育纳入中小学教学计划,充分发挥优秀影片的育人功能。"

2015 年 9 月 1 日,由国务院总理李克强主持召开的国务院常务会议审议并通过了《中华人民共和国电影产业促进法(草案)》,其中再次要求教育、广播电影电视主管部门应当将影视教育纳入义务教育学校教学计划,保障接受义务教育的学生每学期至少观看两次由其共同推荐的有利于未成年人健康成长的电影,所需经费从义务教育学校公用经费中开支。这些政策文件和相关通知方案都表明我国对于青少年影视教育的关注。

基于我国现阶段基本国情,中小学阶段的教学任务紧凑,在升学压力的影响下,学生没有过多的时间和精力接触电影和电影教育,而把电影教育独立设为一门课程纳入中小学教育体系中也是任重道远,非一蹴而就之事。

所以可以尝试将中小学阶段的电影教育更多地渗透到其他各学科教育

中进行,二者相辅相成,既完成了既有的学习任务,也让课程学习更加丰富有趣,使学生在不知不觉中积累更综合、广泛的知识技能。比如,在德育课教学中,教师给学生放映相关电影片段,组织学生分析、讨论,提出自己的看法,由此来培养提高学生的电影分析、自主思考等电影素养。

2.表达性艺术治疗

表达性艺术治疗是一种新兴的心理辅导方法,它通过游戏、活动、绘画、音乐、舞蹈、戏剧等艺术媒介,释放被言语所压抑的情感经验,处理当事人情绪上的困扰,帮助当事人重新接纳和整合外界刺激,达到心理辅导的目的。

表达性艺术治疗的魅力在于其是一种心象思考,这种心象思考的历程常常能启发更多的想象及灵感,促进创造力及洞察力的产生,同时也可以减少心理防御,让人在不知不觉、无预期的情境中把内心的真实状况表达出来。

诗歌,我们每个人都很熟悉,它被定义为一种高雅的文学艺术,诗歌的显著特点就是以简洁的语言充分表达了作者的情感,诗歌的写作开启了个人的创造力,人们不需要是个有天赋的作家,也能够从诗歌的写作中获益。它可以加深我们对艺术创作的深层经验,拓展我们对于自我的理解,也可以引发其对生活经历的回忆和联想,加深生活体验,激发对生活的热情。

诗歌是包含创作者情感的文学体裁,学生通过创作爱国诗歌,可以看出他们对国家的情感是否深刻、全面、理性。

三、活动设计

通过观看《我和我的祖国》电影片段,使学生了解他人对祖国的贡献和情感,进而联想到自己;通过创作《我和我的祖国》诗歌,表达自己对祖国的情感。诗歌评选,可以让学生知道自己创作的优势与不足,进而也能反映出创作者对爱国的理解,帮助学生树立正确的国家观、民族观。

四、活动目标

1. 增强对祖国的情感。

2. 树立正确的国家观、民族观。

3. 增强国家认同感。

五、参考方法

本节课主要运用的教学方法是诗歌创作。

艺术能够表达"不能言又不能缄默的东西",是开放内心和独白的手段,能够唤醒麻痹的心灵,释放积聚的情感。而诗歌是所有艺术形式中最能实现升华作用的一种,它能以简洁的语言充分表达作者的情感。

本节课中,高中生通过创作诗歌《我和我的祖国》来抒发自己对祖国的感情,进而将自己的感情升华,树立报效祖国、努力学习的坚定决心。

六、活动准备

1. 教师提前制作一个《我和我的祖国》的电影片段。

2.《我和我的祖国》歌曲。

3. A4 纸、写字笔。

4. 打分板、计分表。

七、活动过程

(一)课程导入

1. 播放电影片段

教师播放《我和我的祖国》的电影片段,学生观看。

设计意图:寓教于乐,观看电影可以集中学生的注意力,使学生迅速进入课堂氛围。

2. 分享交流

观看完影片之后,学生可以举手分享自己的观后感。

设计意图:给学生表达展示的机会,提高他们的分享意识和能力。

3. 导入新课

根据学生的回答,教师引入本节课的主题:爱国——我和我的祖国。

设计意图:展示主题,让学生了解课程的来源与含义,为课程的正式实施做准备。

(二)实施阶段

1. 播放歌曲

教师播放提前准备好的歌曲《我和我的祖国》,学生在歌曲中感受对祖国的感情。

设计意图:通过歌曲进一步引发学生对祖国的感情,为下一步诗歌创作做准备。

2. 诗歌创作

学生创作一篇以《我和我的祖国》为主题的诗歌,字数要求在 150 字以上。

设计意图:进行表达性艺术创作,让学生在不知不觉中把内心的真实情感表达出来。

3. 小组划分

可以是班级本来的小组,也可以是重新划分的小组。

设计意图:为下一步小组评选做准备。

4. 作品挑选

小组内挑选一篇感觉最好的诗歌进行评选。

设计意图:给学生提供诗歌鉴赏的机会,提升学生的诗歌鉴赏力与美感。

5.作品分享

分享小组内的最优秀作品,供其他小组鉴赏。

设计意图:展示作品,为下一步小组打分做准备。

6.作品打分

其他小组对此小组进行打分,去掉最高分和最低分,取剩余分数的平均分作为此小组的最终得分。

设计意图:通过欣赏其他小组的作品,学生既感受到了其他人对祖国的感情,也提高了自己的诗歌鉴赏力。

7.作品排名

根据打分结果,教师进行名次排序。

设计意图:学生打分,教师计分,确保评选过程公开公正。

(三)结束阶段

1.获奖感言

排名最高组,创作者进行获奖发言。

设计意图:发表获奖感言,既是对最优秀的诗歌创作者进行表扬激励,也是创作者们分享自己创作历程的机会。学生可以借此机会,向他学习。

2.教师总结

教师进行总结升华。

设计意图:教师对此节课进行总结升华,确保了教学过程的完整。

八、注意事项

1.学生创作诗歌时,一定要有具体的事件或事物支撑,切忌假大空。

2.学生的打分必须公开公正,并给出具体的打分理由。

3.计分的任务可以交给教师,教师可以在黑板上划出计分表格,实时记下小组的打分情况。

九、拓展阅读

把青春融进祖国的江河

"我还是从前那个少年，没有一丝丝改变，时间只不过是考验，种在心中信念丝毫未减……"前段时间，一群银发老人合唱这首《少年》的视频在网络热传。他们系着领结、挽起袖子，在舞台上欢快地开唱，台下的年轻观众热泪盈眶、起立鼓掌。这些老人来自清华大学上海校友会自发组建的艺术团，平均年龄已达74.5岁。当银发老者唱响青春之歌，悠扬的歌声格外动听。

舞台上的音乐动人，这群老人的人生故事也十分感人。他们当中，有矢志"造飞机"的设计者，一干就是一辈子；有毕业后赶赴核试验基地的伉俪，"干惊天动地事，做隐姓埋名人"……校园中，他们是志存高远的学子，在教室、实验室刻苦钻研；工作中，他们是奋发图强的劳动者，在平凡的岗位上孜孜以求。从风华正茂到白发苍苍，报国志、爱国情始终不变。就像他们歌声里咏唱的那样："在征服宇宙的大军里，那默默奉献的就是我；在辉煌事业的长河里，那永远奔腾的就是我。不需要你认识我，不渴望你知道我，我把青春融进，融进祖国的江河"。

永葆少年气，是历尽千帆、举重若轻的沉淀，也是乐观淡然、笑对生活的豁达。舞台上光彩亮丽的歌者，也是生活中无所畏惧的强者。有人长期在恶劣环境中经受辐射，连照片都不敢多拍；有人遭遇种种变故，即便失去了家庭、失去了健康，也依然充满活力和激情……岁月和生活，给予他们智慧与胸襟，也给予他们快乐与满足。在核试验基地工作的老人回忆起夜里自己一人如何吓退恶狼，紧接着又说，"当时也不是只有艰苦，也很美，有雪山，也有蓝天"。为什么老人们要聚在一起唱歌？艺术团团长的话给人启迪："因为我们心里有一种爱，因为爱，我们奉献了自己宝贵的一生，因为奉献，我们得到了很多快乐。"

岁月催生华发,却消磨不了殷殷之情、拳拳之心。由此而言,少年气可以存在于我们人生的各个阶段。不久前,一位消防员拎着装备,一路蹦蹦跳跳去上班的视频令网友直呼"太可爱了",打动大家的正是消防服里那颗纯真向上的少年之心。新冠肺炎疫情防控中,方舱医院里翩翩起舞的身影、醉心读书的姿态,感动众人的也是那股充满力量的少年之气。可见,"少年气"无关年龄、无关境遇,只要心中有爱、热烈生长,平凡的岗位上也能做出不平凡的业绩,平淡的生活中也能活出不平淡的滋味。

"红日初升,其道大光;河出伏流,一泻汪洋……美哉我少年中国,与天不老! 壮哉我中国少年,与国无疆!"《少年中国说》里的蓬勃朝气,属于每一个志不变、心不老的人。只要"种在心中信念丝毫未减",我们就能走遍万水千山,心态永远年轻。

第十课　敬　业

2035 年我的职场一天

课程概要:高中阶段是人一生中非常重要的发展时期,帮助学生认识自我、认识职业、培养决策规划能力的职业生涯教育是普通高中阶段的学生所急需的。本课通过让学生构思 2035 年我的职场一天,具体描述自己在工作中的状态,感受自己的敬业水平,明确自己在职场的优势与不足。进而激励学生当下脚踏实地、埋头苦干,认真学习知识掌握技能。

关键词:职场;敬业;高中生;职场一天

一、学情分析

随着身心的不断发育,高中生的世界观、人生观与价值观都在这一阶段趋于稳定,进入重要的发展时期。同时,高中阶段的学生自我概念逐渐清晰,自我意识不断提升,对于学校和家庭之外的世界都充满求知欲,并且已经逐步形成对未来文理分科、专业和大学选择等方面的职业生涯发展意识。

因此,在这一阶段,帮助学生认识自我、认识职业、认识教育的重要性和意义,以及培养决策规划能力的职业生涯教育也是普通高中阶段的学生所急需的。

　　自我认知、职业认知、生涯决策和教育认知是普通高中学生职业生涯发展中的四大步骤,同时也是学生职业生涯发展所需具备的四大能力。

　　有研究者曾对上海市普通高中学生职业生涯的发展现状进行调查。发现高三年级的学生的整体自我认知能力,即对于自身能力、兴趣与缺陷的了解要远远高于高一与高二年级。认为"非常了解"或"比较了解"自己能力、兴趣与缺陷的高三学生高达90.8%,而只有79.7%的高一和70%的高二学生认为他们对自己的能力、兴趣与缺陷有所了解。但这里的兴趣、能力与缺陷对于学生来讲都是特指与学习有关的内容,具体到自己的个性发展、性格特征、人际交往能力等方面的内容,学生便不是那么有把握了。

　　另外,考虑到职业与专业之间的复杂关系,很多高中生并不能够对职业和专业有一个清晰、明确的认识。有关调查显示:哪怕是在高三年级的下半学期,认为自己非常了解报考专业的学生也只有6.3%。在高一,基本上没有学生认为自己"非常了解"报考专业,只有16.6%旳学生对报考专业比较了解。而学生对职业和专业的认识更多的是光鲜亮丽的表面,对于在未来学习或工作过程中将会面临的困难和挫折并不清楚。

　　同时,高中生对于未来职业生涯发展方向也体现出较为简单化与功利化的特点。73.2%的学生认为自己在高中阶段的任务就是"学习",而考一个好大学则是上高中的唯一目的。其功利化特点则体现在:高中生在填报志愿时大都选择经济、金融、医科等"钱途"光明的热门专业。"稳定""赚钱多""福利高""有面子"成了高中生对其职业生涯发展方向的主要描述,忽视了从事职业所面临的困难以及与自身能力的匹配程度,这就导致很多高中生在选报专业时是"盲目的"。

二、活动理念

　　普通高中的职业生涯教育指的是在普通高中教育阶段,通过专门课程、团体辅导、讲座、社会实践等方式,利用学校及社会资源,集中培养学生的自我认知能力、职业认知能力、生涯决策能力和教育认知能力,以有益学生终身发展的一种教育类型。

1. 高中生开展职业生涯规划教育必然性

高中开展职业生涯规划教育是实施素质教育的有效手段。2003年教育部颁布《普通高中课程方案(试验)》,强调培养学生终身学习的愿望和能力;学会认识自己;培养明确的职业意识、敏锐的创业灵感和职业生涯规划的能力;等等。因此,开展高中职业生涯规划教育成为国家实施素质教育的有效措施,也是必然要求。

高中开展职业生涯规划教育是学生未来发展的充分准备。高中阶段是学生身心发展的飞跃阶段,该时期形成的价值观和职业理想对学生的未来发展将会产生巨大的、持久性的影响。中学生职业生涯规划教育就是引导学生发现自己内心的渴望,为实现自己的职业理想做最充分的准备。

高中开展职业生涯规划教育是职业生涯规划教育自身发展的需要。职业生涯的发展是促进个体不断完善的过程,具有终身性、阶段性的特征。从目前国内职业生涯规划教育的现状看出,中学职业生涯规划教育的课程很少甚至完全没有,导致学生缺乏职业生涯规划意识和能力,专业选择现状也令人担忧。因此,将职业生涯规划教育前移至高中已是必然趋势,也是职业生涯规划教育自身发展的需要。

2. 高中的职业生涯教育与大学职业生涯教育

普通高中职业生涯教育与大学内的职业生涯教育都是为了培养学生自我认知、职业认知、生涯决策和教育认知等方面的能力,使学生能够更好地在社会中发展。两者是密切相关的连续体关系,分别有着不同的教育目标与内容。

普通高中内的职业生涯教育是基础。在这一阶段,学生正处于学生世界观、价值观、人生观、个性形成以及创新能力和实践能力发展的关键阶段。职业生涯教育的重点是培育学生职业生涯规划的意识,培养其搜集相关信息并进行决策的能力。

而大学职业生涯教育则是在高中职业生涯教育基础上的进一步发展,也是学生职业生涯发展的抉择阶段。此时学生职业生涯教育的基本目标是"引导学生通过兴趣爱好和个性特点、能力素质、职业愿望,以及社会职业的分类和特点等因素的自我综合分析,选择适合自身发展的职业定向,为未来的职业生涯发展确定更明确的目标"。

同时,高等教育阶段职业生涯教育的教学内容和重点与普通高中阶段相比也更为具有针对性,更加侧重于对学生就业和创业知识与技能的培养,以使学生在毕业后能够直接走向社会、适应职场生活。

因此,让高中生认识到职业生涯规划的重要性,明确自己的职场状态,是提高高中生敬业意识、践行敬业价值观的前提和必要条件。

三、活动设计

通过构思 2035 年我的职场一天,让学生具体描述自己在工作中的状态,感受自己的敬业水平。

四、活动目标

1. 明确敬业的具体要求,理解了敬业的重要性。

2. 获得敬业的情感体验。

3. 提高自己的敬业意识,践行"敬业"价值观。

五、参考方法

本节课主要运用的教学方法是"展望我的职场一天"。

现在的高中学生虽然离职场有点远,但是对他们的职业教育和职业体验是不能缺少的。只有高中生真正把自己放在职场的位置上,他们才能清晰认识到自己的敬业状态,进而反思自己的不足,提高自己的知识和技能,为以后提高职场优势做好准备。

本节课中,学生通过展望"2035 年我的职场一天",设想自己的工作状态,感受自己的敬业水平,明确自己在职场的优势与不足。进而激励学生当下脚踏实地、埋头苦干,认真学习知识掌握技能。

六、活动准备

A4 纸、笔。

七、活动过程

(一)导入阶段

1. 视频播放

播放视频《武汉最敬业交警暴雨中执勤》。

设计意图:吸引学生注意力,调动学生的学习主动性,保持课堂活力。

2. 学生分享

学生分享自己所了解的敬业事迹。

设计意图:打开学生思维,启发学生思考敬业。

3. 教师引导

教师引导学生思考:为什么要敬业?

设计意图:启发学生思考。学生了解敬业的重要性和价值后,才能对敬业有更明确、更请详细的认知和定位。

4. 敬业的价值

教师讲解敬业的价值。

设计意图:承上启下,既让学生明确敬业的重要性,又为下一阶段设想职场一天做准备。

（二）实施阶段

1. 设想自己的职场一天

学生当场以《2035 年我的职场一天》为题写一篇日记,日记中要详细记录工作时长、工作种类、工作强度、工资待遇等情况。

设计意图:设想自己的敬业状态,进而明确自己的敬业水平。

2. 小组分享

学生进行小组交流。

设计意图:向小组成员奉献自己的敬业,同时也了解其他学生的敬业水平。

3. 班级分享

每个小组派个代表进行分享。

设计意图:同学之间相互交流,共同学习。

4. 教师引导

根据学生的分享情况,教师引导学生思考:敬业的人需具备什么品质?

设计意图:深化学生对敬业的理解。

5. 小组讨论

小组讨论:敬业的人需具备什么品质?

设计意图:学生自行探讨,有利于发挥学生的主动性。同时也更能加强学生对敬业的认识和践行意识。

6. 师生交流

小组分享讨论结果,教师进行引导和建议。

设计意图:明确敬业品质后,才可能对照自己现有的状态,反思自己的不足,进而做好敬业。

（三）结束阶段

教师带领学生进行总结升华。

设计意图:回顾本节课的内容,同时检验教学效果。

八、注意事项

1.学生在设想自己职场一天的时候,可能有一些观念不正确的地方,教师要及时引导。

2.工作是没有高低贵贱之分的,不管学生设想自己在什么工作岗位,其他人都要保持尊重和接纳的态度。

九、拓展阅读

抗疫先进事迹 | 钟南山:健康所系　生命相托

2020年9月8日上午,全国抗击新冠肺炎疫情表彰大会在北京人民大会堂隆重举行。这是"共和国勋章"获得者钟南山。

17年前,抗击"非典"勇挑重担;今年,抗击"新冠"再次出征。

"在防控新冠肺炎疫情中,付出的代价很大。把人的生命和健康放在第一位,我们做到了。"9日,"共和国勋章"获得者、中国工程院院士、国家呼吸系统疾病临床医学研究中心主任钟南山在全国抗击新冠肺炎疫情先进事迹报告会上说。

今年以来,面对突如其来的新冠肺炎疫情,84岁的钟南山以实际行动诠释"人民至上、生命至上"理念,提出的防控策略和救治措施挽救了无数生命。

逆行出征　战新冠勇担当

1月18日,钟南山登上从广州开往武汉的高铁。他临危受命担任国家卫健委高级别专家组组长,为的是查明在武汉报告的一种未知的"新型肺炎"。此前几天,钟南山还向全国民众呼吁,普通人如果没有迫切需要,不要前往武汉。

在武汉实地调研后,国家卫健委高级别专家组确认,这种"新型肺炎"已经出现"人传人"现象。1月20日,钟南山在北京接受媒体采访时,果断向社会公布新冠肺炎存在"人传人"的情况,拉响了全国新冠肺炎疫情防控的警报。

此后,他多次出席新闻发布会,为公众答疑解惑,为一线战"疫"注入信心。

"全国帮忙,武汉是能够过关的! 武汉本来就是一个英雄的城市。"1月28日,在武汉抗击新冠肺炎疫情最为焦灼的时刻,钟南山接受新华社专访时动情地说。

这并不是钟南山第一次"敢医敢言"。早在2003年"非典"疫情期间,他在"衣原体是病因"几乎已成定论的背景下,提出并证实"非典"病因是一种新型冠状病毒。

2020年8月,国家主席习近平签署主席令,授予钟南山"共和国勋章",以表彰他在抗击新冠肺炎疫情进程中作出的杰出贡献。

人民至上　生命至上

"什么是最大的人权? 我们保住了这么多人的命,这是我们最大人权的表现。"在全国中小学生的"开学第一课"上,钟南山动情地说。

8月27日,钟南山率广州医科大学附属第一医院重症医学科团队对外宣布,一位使用体外膜肺氧合(ECMO)辅助支持长达111天的新冠肺炎患者成功康复出院,创造了医学救治的奇迹。

ECMO是目前针对严重心肺功能衰竭最核心的支持手段,被视为重症患者"最后的救命稻草"。钟南山说:"在救治过程中,只要有一线希望,我们可以不惜一切代价。即便看起来必死无疑的患者,我们还是要像绣花一样抢救回来。"

在2003年抗击"非典"中,钟南山一句"把最危重的病人送到我这里来"掷地有声、铿锵有力;在抗击新冠肺炎疫情中,他再次作出"绝不放弃任何一个患者"的庄严承诺。

在抗击新冠肺炎疫情的关键时期,钟南山还多次通过远程医疗平台为湖北等地危重症患者会诊,给当地医生和患者吃下"定心丸"。

"由于武汉的患者多,中央立刻组织了全国42000多名医务人员来支援武汉,而且在非常短的时间内建起了火神山、雷神山医院。援鄂医务人员,个个以能够参加抗疫为荣。"钟南山说,"把人的生命和健康放在第一位,我们做到了。"

"我只是一个普通的医疗工作者,能够得到'共和国勋章',很激动。但我更多考虑的还是'责任'两个字。"他说,"我们要加倍努力,建好呼吸疾病和突发公共卫生事件的防控平台,为进一步战胜新冠肺炎和防控新的突发公共卫生事件贡献我们的力量。"

健康所系 生命相托

在全国抗击新冠肺炎疫情先进事迹报告会上,钟南山说,各行各业的抗疫英雄目标一致,只因"健康所系,生命相托"。

"国际上的疫情还是比较严重的,我们不能就此停止,要提升科研、防治水平,为全世界贡献更大的力量。"他说。

在一线指导救治的同时,钟南山始终坚守在国际医学研究一线,第一时间分享中国的抗疫做法和经验。

"传染病是没有国界的,战胜疫情需要全球合作。"钟南山说,在新冠肺炎疫情和未来可能暴发的其他疫情面前,人类更需要共同面对。"通过交流,可让其他国家少走弯路。因为我们走过了艰难的路,所以要相互支持。"

1月21日,科技部宣布成立以钟南山院士为组长、14位专家组成的新型冠状病毒感染的肺炎疫情联防联控工作机制科研攻关专家组,为一线防控治疗工作提供科技支撑。

如今,钟南山带领的科研团队已经在快速检测、老药新用、疫苗研发、院感防控、动物模型等方面取得了一系列成果,在疫情防控中发挥了重要作用。

第十一课 诚 信

与诚信同行

　　课程概要:高中生在日常生活、学业、人际交往等方面存在着一定程度的诚信问题,如何改善高中生的诚信误区,加强他们践行诚信价值观的意识,是当前教学的重点。本课借由启发教学法,通过提供情境事例和游戏设想,来启发学生反思自己的言行,进而提高诚信意识,加强诚信行为。

　　关键词:真诚;诚信;守护诚信;不诚信表现

一、学情分析

　　《中国青年报》的调查指出:"在校学生没有失信行为的只有 6.2%,其中幼儿园 84%,小学生 51.3%,中学生 20.1%,大学生 0.84%,从这个调查中就可以看出,在校学生的失信行为非常严重,而且随着年龄的增长,失信行为也明显增加。"

　　当前高中生在日常生活上的失信行为主要有:为了维护自身利益而故意说谎话欺骗别人;上课经常迟到或者早退;捡到物品不上交等。

　　高中生在学业上的失信行为主要有:作业抄袭现象突出,有 29% 高中生经常抄袭作业,56% 的高中生偶尔有过一两次,只有 15% 的高中生从来没有抄过作业。考试作弊现象屡次发生，有 56% 的学生偶尔有过一两次，11% 的学生甚至经常作弊。

谎报学习成果，一些学生为了应对老师的检查，当老师问自己会不会某个问题的时候谎称自己会做了、掌握了。甚至在课堂上一些学生害怕出丑，同时也为了满足自己的虚荣心，竟刻意去回避学习中面临的问题。

高中生在人际交往中的失信行为主要有对同学或者朋友撒谎。调查显示：27% 高中生从来没有对朋友撒过谎，64% 的高中生会有一两次，还有 9% 的高中生经常会对朋友撒谎。

在经济生活方面，高中生会为了获得更多的金钱支出而欺骗父母。调查显示：只有 16% 的高中生从来没有欺骗过父母，56% 的高中生有过那么几次，还有 26% 的高中生会经常如此。关于"你有过为了获得学校的生活补助，而虚报家庭经济情况的吗？"这个问题的回答，只有 22% 的高中生选了从来没有，39% 的高中生选了有过那么一两次，还有 39% 的高中生选了经常如此。

高中生的失信问题比较严峻，如何改善高中生的诚信误区，加强他们践行"诚信"价值观的意识，是当前教学的重点。

二、活动理念

高中生群体即将步入成年，有一部分高中生已是成年人，在此阶段，理解并践行诚信，对于其成为一个完整的人，避免高考舞弊，成为国家之栋梁意义重大。

1. 诚信是人最重要的品质之一

高中生不仅需要刻苦学习知识，掌握各门学科的知识，更是需要提升自身的素质，成为一个"完整的人"。做人最基本的道德要求是诚信，在高中阶段筑牢诚实教育的基石，将来进入大学，进入社会，才能更好地守住诚信之底线，成为一个"一诺千金"，恪守"君子一言，驷马难追"的有德之人。

2. 高中生的诚信教育与诚信高考教育工作相结合

经过三年的寒窗苦读,高中生终会迎来一个关键时刻——高考。近年来,高考舞弊事件几乎在每一年的高考当中都会上演,各种"歪点子"层出不穷,一些考生为了在高考中顺利作弊而"绞尽脑汁",比钻研题目还要认真积极。这些现象的背后,反映的是高中生的诚信教育的缺失和不到位,考生的诚信考试意识和观念仍然不够强。通过开展高中生的诚信教育,让学生充分意识到诚信品质的重要性,并培养考生对高考的"敬畏之心",从而减少高考舞弊事件的发生。

3. 诚信教育是成才的必经之路

随着学生年龄的增长,高中生在互联网时代接触的思想和价值观越发多元,也更容易面对一些考验诚信的诱惑。人无信不立,高中生要成长为国家之栋梁,对于品德教育,尤其是诚信教育,必须不可缺失,并且真正深入学生的心,使高中生成为有诚信的社会主义接班人。

三、活动设计

通过不诚信事件的展示,引导学生思考诚信与不诚信的界限,对于不诚信现象,学生应该怎么处理。

四、活动目标

1. 了解诚信、善意的谎言与不符合规则的允诺的区别。

2. 反思自己的行为,提高诚信的能力。

3. 自觉践行诚信价值观。

五、参考方法

本节课主要运用的教学方法是启发式教学法。

启发式教学是指教师在教学过程中,根据教学任务和学习的客观规律,以启发学生的思维为核心,调动学生的学习主动性和积极性,促使他们生动活泼地学习的一种教学指导思想。这是一种实现教师主导作用与学生积极性相结合的教学模式。

本节课采用两个情境案例,让学生思考诚信相关的问题,在调动学生学习主动性的同时,也加强了学生对诚信知行协调发展的重要性的认识。

六、活动准备

PPT 课件。

七、活动过程

(一)导入阶段

1. 讲解诚信

教师给学生讲解诚信,诚就是诚实待人,信就是言而有信。引导学生思考身边的不诚信现象。

设计意图:直接导入课程内容,有利于学生尽早进入学习状态。

2. 学生发言

学生分享周围的不诚信表现。

设计意图:学生结合生活实际,感受不诚信。

3. 教师引导

教师讲解不诚信与善意的谎言。

设计意图:教导学生区分诚信、不诚信、善意的谎言。

(二)实施阶段

1. 事例展示

教师展示两个事例,询问学生会怎么做。

事例1:周兵和宋杰是好朋友,他们曾经许诺,不管谁遇到困难,一定要互相帮助。这天周兵想抄宋杰的作业,宋杰没同意,他生气地说:"这点忙都不帮,真不讲信用。"

事例2:汶川大地震期间,王丽的爸爸参加了医疗队。最近,她妈妈得了重病住院。爸爸来信问到家里的情况,王丽不知道该不该把妈妈生病的事如实地告诉爸爸。

设计意图:结合具体事例,感受高中生诚信的知与行。

2. 小组讨论

小组针对事例进行讨论。

设计意图:加强小组内的合作交流,强化学生的认知。

3. 小组分享

小组派代表分享。

设计意图:分享交流成果,检验学生对诚信的认知。

4. 游戏体验设想

教师引导学生设想:学生两人一组,同向而立,前面的人向后倾倒,后面的人给予支撑。学生思考:如果是前面的人,你敢向后倾倒吗?原因是?如果可以选择,你将选谁做你的游戏伙伴?为什么?讲一讲你们之间的诚信故事。

设计意图:从游戏出发,引导学生思考自己与同学间的人际交往。

5. 学生分享

学生分享与同学间的诚信故事。

设计意图:结合自身谈诚信,更能使学生意识到诚信的重要性。

(三)结束阶段

教师引导学生进行课程内容的回顾,并进行总结提升。

设计意图:复习课程内容,检验老师的教学效果。

八、注意事项

课堂气氛宜自由、开放、真诚,教师不要多加干涉。

九、拓展阅读

家族五代打造"良心秤"：

守住规矩不越线　传承家风二百年

"天地之间有杆秤,那秤砣是老百姓……"当年这首主题曲红遍大江南北,湖北省武汉市一个制秤家族也受到了社会各界的热议。作为江家做秤的第五代传人,江玉珍介绍说,江家做秤有一条原则:不做计量有偏差的"劣秤",更不做缺斤少两的短秤。江家秤加工精细、品质上乘,但最值钱的,是绝不亏良心。两百年,江家老字号口碑不败,靠绝活,更靠诚信。不改这种操守,传承这样的价值观,既是一个家族的使命,也是我们这个社会的责任。

"秤是规矩。做秤的人,要守规矩。""做一杆缺斤短两的秤,会让千万人受害,这跟做千万根短秤没有区别。"这是武汉新洲区 70 岁老人江玉珍多年来做秤的心得。江家祖祖辈辈五代人在邾城街做秤已经 200 多年。多年来,江家不为利益诱惑所动,不赚昧心钱,没有做一杆缺斤少两的短秤。江家出产的秤被当地人称为"良心秤"。

挑木材、刨木、制粗坯、打磨、包铜管、定刀口、定星位……在江玉珍手上,一杆秤要经过 10 多道工序、做五六个小时才能完成。作为江家做秤的第五代传人,70 多岁的江玉珍满头银发,面带笑容,看上去很慈祥。

1988 年,弟弟江远斌开始和江玉珍一起开厂做秤。虽然国家普及了电子秤,但在偏远地区,一些流动商贩和当地人还是选择便于携带的杆秤。如今,仍有许多人到江玉珍的作坊里买秤、修秤。

江玉珍介绍说,她家祖祖辈辈做了 200 多年的秤。江家做秤有一条原则:不做计量有偏差的"劣秤",更不做人为缺斤少两的"短秤"。"哪怕只做一杆'黑心秤',我一辈子都不会安心。就算穷得把米磨成糊糊吃,也绝不做那种事。"做秤多年,常有不法商贩要求江婆婆做"短秤",她总是毫不犹豫地拒绝，"我家五代人都是做秤的，传到我这辈已经200多年了。"江婆婆说，祖上做秤时曾用过"江正兴"这个牌子，"正兴"就是"心正则兴旺"，只要坚持公正公平，就会生意兴隆家庭兴旺。在当地，"江正兴"可是商贩和居民心中的"大品牌"。

"100斤的东西，刀口距离偏差2毫米，重量就相差七八斤。"江婆婆做了50多年的秤，度量早就刻在心里，市面上卖的一些"短秤""黑心秤"，她一眼便能瞧出端倪。"如果那些不法商贩拿着有'江正兴'字号的秤，他便不能肆无忌惮地缺斤短两。我怎么能做'短秤'，给江家秤抹黑？"江婆婆激动地说，"别看秤不大，称的可是良心！"

由于精确性要求高，每杆秤她都需要反复校量。一天忙下来最多只能做两杆秤。"宁愿做少点，也不能砸了祖传的招牌。"

因为做秤公道、守规矩，江家在方圆百里赢得了美名。在电子秤还没有普及的年代，江玉珍家的手工秤成为武汉新洲、麻城、黄冈等地小商贩们的必备品。在菜市场里称重，卖方说句"这是江家的秤"，买者一般都会放心。遇到称量偏差，人们往往用江家的秤解决争端。

做秤做出了名声，这些年，不断有商贩找到江玉珍，要她做"短秤"。所谓短秤，就是在秤的刀口上做手脚。刀口距离偏差2毫米，100斤的重量就相差七八斤。

上世纪80年代，武汉新洲一位卖鱼商贩，揣着9个光洋"袁大头"找到江玉珍，希望江玉珍做"短秤"，"一斤吃1—2两"，"做好了，这些光洋归你。"按当时行情，一枚旧币"袁大头"能兑换10多元现金。对这笔可观收入，江玉珍没动心。江玉珍坚决不做"短秤"，在一些人眼中显得很"古板"。1990年，镇上桥头一位收猪的商人找她做"短秤"被拒绝。这位商人恼羞成怒，骂江玉珍"板死了""苕掉了"。

为何江玉珍能不为利益所动？老人说："老一辈传我手艺的时候就讲，千万不能昧良心。昧着良心，落不到好。做事光明磊落，心里才没鬼。""原先这附近有两个做短秤的人。有一个在29岁的时候死了,另外一个在40岁的时候也没了。"

正是这种不甚"科学"的朴素信念,支撑着她谨守职业底线。江玉珍觉得,秤不大,称的可是良心。做一根缺斤短两的"短秤",和做100根"短秤"没区别。出于对诚信和底线的敬畏,江玉珍祖祖辈辈200多年一直坚守职业准则,也因此建立了很好的名声。卖方只要说句"这是江家的秤",买的人一般都会对重量放心。

居民黄喜莲婆婆家也收藏了一杆江家的秤,每次买了什么,她都要用这杆秤称一称。她说:"用了40多年了,没出过错。"

近日,江家多年来坚持制作"良心秤"的故事经过媒体宣传,被人们所熟知。许多群众赶到江家,就为了买一把"良心秤"回家。在武汉做证券生意的李先生到江家,将江家12种不同型号的秤都买了一杆用作收藏。李先生说,江家的"良心秤"就是一种道德标杆,买秤回去就是时刻警醒自己"做人、做生意要讲良心"。

目前新洲区文化局正在收集资料,计划将江家的制秤工艺申报区级非物质文化遗产,把小小秤杆和秤砣上蕴含的丰富文化和人生哲理发扬光大。

第十二课　友　善

制作"友善"宣传册

　　课程概要:友善是社会主义核心价值观中个人层面的一个价值观内容,在中国从古到今都备受尊崇。对个人来说,友善观可以调节人际关系,从国家层面来说,能推动社会和谐发展。本课依据高中生的身心和思维特点,设计让学生走访社区、关切社会,树立正确的友善观;通过宣传册的制作、讲解和展示,更深刻理解"友善"的含义,进而理解人类命运共同体的内涵;最后,带着宣传册回到社区,亲身参与到社会主义核心价值观的宣传中。

　　关键词:友善;践行;宣传册;人类命运共同体

一、学情分析

　　高中生,是指在接受高级中学教育阶段的学生,年龄通常在十四五岁至十八九岁,从人的身心发展规律来看,他们正处于青春期末期和青年初期,也是自我同一性探索和价值观形成的关键期,这一时期他们的思想非常活跃和敏感,价值观也存在比较大的可变性。

　　从年龄上分析,高中生大致处于皮亚杰认知发展理论的形式运算阶段的末期,抽象的逻辑思维已经比较完备,懂得变通,如果规则与事实不符,他们会做出违反规则的事情,常常认为传统的价值观念已经过时,例如助人为乐,在有些人看来是傻子,做了坏事怎么尽快脱身才是聪明人想的事情等,但是毕竟他们头脑中的友善都与人情有关,利益关系化等号理解偏于片面化,这是在这一错误认知的影响下,加上高中生自身受到辨别是非和自我约束能力的限制,面对这种金钱享乐等不良诱惑时,很容易为了一时的快乐而吞下长期的苦果。

当前我国正处于实现"两个一百年"奋斗目标的关键时刻,社会形态和社会结构都在发生着深刻的变化。现今中国的经济已经实现从计划经济到市场经济的转型,正在经历从城乡二元体制到新型城镇化的社会转型时期,中国即将成为服务业大国。经济全球化步伐也在加快,国内外发展环境深刻复杂变化,世界各国的价值观念和生活方式在不断地冲击着在校的高中生,他们往往会无所适从。

高中的校园也是一个小型社会,家庭经济条件的好坏直接反映到校园里,部分学生会讲究吃穿,讲究家庭背景,价值观更功利,缺少友善。而有一部分学生又不能正确看待这种差异,因此自卑,孤僻,没有及时引导的话,也可能影响健全人格的形成。时不时见诸媒体报道的校园欺凌事件和同学相残的事件,也反映出当前高中生当中还存在不少不友善的行为。

赣南师范大学的刘和生在关于高中生友善观现状的调查发现:没有听说过友善观的学生约占到参与调查学生中的 63.68%,认为有必要对高中生进行友善观教育的占约 90.72%,在问及是否理解友善观的含义时,完全理解的约占 3.42%,理解一点的约占 75.90%,完全不理解的占 20.68%;回答"你是否有树立友善观的意识"时,回答"有"的约占 59.28%,表示"不清楚"的约占 35.67%,可见大部分高中生有强烈的树立友善观的意识,而还有一部分需要先进行友善观含义的普及。

古人云,"行善积德,勿以恶小而为之,勿以善小而不为",与人为善是一个公民在社会上立足必须具备的起码的素质。友善作为社会主义核心价值观之一,不仅对人格的完善和公民品德意识的培养起着指导作用,同时也对社会心态和社会秩序的优化有着深远的影响。

我国社会主义教育就是要培养社会主义建设者和接班人。高中生作为祖国的未来、民族的希望和中国特色社会主义事业的生力军,尤其要注重政治方向的教育和个人素养的提升。

高中生作为祖国未来的建设者和接班人,需要学好当前的各种科学文化知识,保持终身学习理念,锻炼出强健的体魄,养成良好的习惯,培养良好的国际交往能力,等等。其中与人和谐相处能力是一项基本技能,要学会真诚友善地与人相处,融入人群,获得友谊、信任、谅解和支持,促进整个社会呈现出正义之风、和谐之气。

基于以上分析,在高中生中进行友善价值观的课程必要而急迫。而社会主义核心价值观的践行需要用行动来体现,所以本课拟通过制作"友善"价值观宣传册的方式让学生比较深入地理解其中的内容,并形成积极的思考,同时课程的设计也充分调动学生参与的积极性。

二、活动理念

在社会主义核心价值观这一语境中,友善的内涵通过尊重、宽容、礼让、关爱和互助等要素体现出来,而这一系列的积极品质又和一个人的心理能力密切相关,当一个人的心理能力足够强大的时候,他会有更多自信,更能理解、共情他人,也更能克服当前的困难,而对未来充满希望,也会更友善地对待他人,拥有更好的人际关系。

1."友善"的内涵解读

从词源来看,在古汉语中,友善是由"友"和"善"两个相对独立的概念组成的。"友"的本意就是朋友。在甲骨文中,"友"是朝着相同方向的两只手,寓意以手相助,互相帮助。这里的友不是指具体的某一个人,而是指像朋友、兄弟一样对待彼此。"善"从言,从羊,从言;表示说话,羊在我国古代的文化符号中表示吉祥如意。所以,"善"的本意是吉祥。"友"与"善"具有一致的地方,但又有不同:"友"意相对窄,"善"意相对宽;"友"重外在,"善"重内在;"友"强调互惠,"善"强调自愿。"友"与"善"组合,其基本含义便是:基于善良之心或善良意志所表现出来的友好的言行,简单说,就是像对待好朋友一样对待他人。

2. 杜威的"从做中学"理论

杜威,美国著名哲学家、教育家、心理学家,实用主义的集大成者,也是机能主义心理学和现代教育学的创始人之一。他的"从做中学"的教学理论当中,"做"指"参加社会实践活动"。

在批判传统学校教育的基础上,杜威提出了"从做中学"这个基本原则。"从做中学"是杜威的全部教学理论的基本原则。由于人们最初的知识和最牢固地保持的知识,是关于怎样做的知识。因此,教学过程应该就是"做"的过程。在他看来,如果儿童没有"做"的机会,那必然会阻碍儿童的自然发展。

没有"行"就没有"知","知"从"行"来。只有从"做"得来的知识,才是"真知识"。杜威把"从做中学"贯穿到教学领域的各个主要方面中去,诸如教学过程、课程、教学方法、教学组织形式等,都以"从做中学"的要求为基础。这形成了"不仅塑造了现代的美国教育,而且影响了全世界"的活动课程和活动教学。

杜威还把"做"看作是人的生物本能活动。杜威他指出人有 4 种基本的本能:制造、交际、表现和探索。这是与生俱来,无须经过学习、自然会知的。

这些本能与兴趣提供学习活动的心理基础的动力。而其中制作的本能与兴趣最为突出。因此,他主张"教学应从学生的经验和活动出发,使学生在游戏和工作中,采用与儿童和青年在校外从事的活动类似的形式"。

基于"从做中学"的教学理念,在教学当中设计"学生到社区进行社会主义核心价值观宣讲"的环节,让学生在社会实践当中深化对友善观的理解,在"行"当中获取"知",真正地理解友善的含义与应用。

三、活动设计

通过布置学生制作"友善"价值观的宣传册,他们可以在查资料的过程中完善对于"友善"内涵的理解,这个过程也是价值观内化的过程;继而通过小组讲解和展示,进一步内化;最后倡导学生到社区进行宣讲,既实现个人的社会性需求,又可以增强他们的社会责任感和使命担当。

四、活动目标

1. 认识"友善"的内涵。

2. 增强对"友善"价值观的认同感。

3. 具备公共参与的素养,践行公共道德、展现公共精神。

五、参考方法

本课主要运用的教学方法是制作宣传册。

宣传册的制作是一个行动,而社会主义核心价值观的践行正是需要用行动去体现的。学生通过制作宣传册,可以更深入地去理解"友善"价值观的内涵。高中生已经具备逻辑思维能力,思维具有思辨性特点,通过积极的思考,自身自我同一性与"友善"价值观的整合。

通过制作宣传册,学生会充分地参与其中,去体验、去感受,纵向从历史的角度感受善心、善意和善行,横向从国家发展的角度,去感受友善对于社会氛围和社会秩序优化的意义,从而积极融入社会主义核心价值观的宣传活动中。

六、活动准备

PPT 课件、A4 纸、彩色笔、透明胶。

七、活动过程

（一）教学准备阶段

1. 收集材料

学生分小组收集社区、家庭、班级中友善或不友善的例子。

设计意图：学生通过收集事例，去澄清去辨析去思考，既是思维能力的训练，也让他们形成对社会风气和人民生活的关切。

2. 素材整理

小组把收集到的例子分类整理，以照片、绘画、PPT 等形式呈现。

设计意图：整理的过程，也是再次感知和澄清的过程，为课堂讨论做准备，也增强小组凝聚力和协作能力。

（二）实施阶段

1. 列举展示

各小组展示自己收集的友善和不友善的例子。

设计意图：让大家看到，社会中还是存在很多不友善的行为和现象，理解为什么社会主义核心价值观中，友善作为个人层面的价值观，对于调节人际关系非常重要。

2. "友善"内涵

教师配合 PPT，解读"友善"内涵。

设计意图：进一步从认知层面让学生理解"友善"的内涵，更宽泛地理解，"友善"包含尊重、宽容、礼让、关爱、互助等，既是个人修养的体现，也是个人心理能力的外在表现。

3. 头脑风暴

小组讨论:传播"友善"价值观的形式可以有哪些呢?

设计意图:此环节由之前的提出问题到解决问题的方法探讨,也是引导学生形成解决问题的思路,有效改变过去只发牢骚只说问题的思路,同时,也为下一环节行动做准备。

4. 制作宣传册

小组制作5—8页的"友善"价值观宣传册。

设计意图:通过制作宣传册,进一步内化"友善"价值观,同时也让学生感受发现问题解决问题的思路与过程,部分体验参与社会事务,激发他们创新和协作的能力。

5. 学生分享

小组讲解和展示宣传册。

设计意图:把小组的设计放到全班的环境,形成一种脑力的激荡,相互感染的力量,同时也通过这个活动,学生和社会工作产生链接,产生一种作为推动社会文明发展的青年知识分子的成就感和自豪感。

(三)结束阶段

教师进行总结升华,并布置预后行动:周末带上宣传册到社区为居民进行"友善"价值观的宣讲。

设计意图:教师升华这一次活动的意义,赞扬同学们的参与热情,可以将学生的未来和社会的发展结合起来,引导学生展望未来,成为社会主义事业的接班人,从关心社区的风气到引领居民走向友善、和谐和幸福。

八、注意事项

1. 在准备阶段学生可以分成8—10人一组,组内有有任务划分,这一阶段教师的指导要细致而具体,切忌笼统,指令不清,学生没有计划和分工。

2.小组分享的时候,教师把握度,正确认识在现阶段社会中出现的"不友善"现象,避免流于抱怨和指责。

3.引导分组设计宣传册时每位成员都参与(可以每1—2人设计1页)。

九、拓展阅读

待人友善吃亏吗?

笔者到大学去讲座,经常会遇到学生问一个相同的问题:待人友善会吃亏吗? 比如寝室的同学经常让自己帮着做诸如打开水、买吃的、买药以及送雨伞等类似事情。可是,等到自己需要帮忙的时候,有少数同学却比较自私,不愿伸出援助之手。得到的回报与曾经付出的帮助不成正比,这就让一些学生产生了疑惑:待人友善会不会吃亏?

与人为善是一个人的高尚品德。无论是《大学》中的"大学之道,在明明德,在亲民,在止于至善""楚国无以为宝,惟善以为宝"等经典论述,还是"善始善终""善有善报"等千百年来流传下来的俗语,都值得我们去认真体悟。作为教师,应该用传统文化的经典进行引导,要告诉学生中华传统文化中有这么一个词必须去践行:与人为善。

教师还应该引导学生认识到,学习的目的之一就是如何做一个友善的人。关怀需要帮助的人是知识分子起码的道德品质,从关心周围的同学开始到将来关心国家大事及民众疾苦,这是一个践行和感悟的过程。如果总是纠结于处处要回报,那么人生的格局和视野未免显得太窄。

近期发生的校园伤害事件也提醒教育界:一味地进行专业知识的灌输是不全面的教育。学好专业知识只是安身立命的工具,学会如何做一个友善的人和有益于社会的人才是全面的教育。应该教育我们的学生意识到,对生命的敬畏和对人的友善是一个合格公民的基本修养。

反思我们当下的教育,在应试教育的压力下,我们或多或少忽视了对学生如何做人的引导。似乎一个学生只要学习好,就可以"一俊遮百丑",别的什么都会好,真的是这样吗?对分数的过分看重,导致我们忽视了教育学生学会做人:对生命要有敬畏之心,要与人为善。关爱社会,先从关爱周围的人开始。要想服务社会,先从服务周围的人开始。许多真实的案例告诉我们:人心正,然后再去学技能才能服务好社会;人心不正,学了技艺反而会害人害己。正应了孔子所讲的"志于道,据于德,依于仁,游于艺"。从传统文化的角度来看,学习专业技术只是一门技艺,而有志于大道之行却是更重要的。

社会主义核心价值观倡导的理念,从国家层面看,是富强、民主、文明、和谐;从社会层面看,是自由、平等、公正、法治;从公民个人层面看,是爱国、敬业、诚信、友善。结合传统文化中对友善的经典解读,我们发现:友善是一种品德,友善是一种价值观,友善是一种修养,友善是一种基本的情操。

正如《周易》所讲:"善不积不足以成名,恶不积不足以灭身。"结合传统文化的经典教育和社会的共识,答案已然明了:待人友善不吃亏。

参 考 文 献

[1]朱豪然.感悟人生就像长征　老红军李元兴:我是一个兵[EB/OL].
http://news.enorth.com.cn/system/2006/10/19/001437649.shtml,2006-10-19.

[2]尹新瑞,吴帆.文化传承与沟通行动理论:和谐代际关系建构的理论视角与方略[J].湖南社会科学,2019(05):53-60.

[3]教育部关于培育和践行社会主义核心价值观进一步加强中小学德育工作的意见[J].基础教育论坛,2014,(23):59-61.

[4]张芯蕊.杂交水稻研究的开创者[EB/OL].http://www.qstheory.cn/dukan/qs/2019-12/01/c_1125288084.htm,2019-12-01.

[5]新华网.袁隆平:01　会讲故事的母亲(张星编著,长军朗读)[EB/OL].http://www.xinhuanet.com/video/2021-03/08/c_1210975049.htm,2021-03-08.

[6]洪明.我国中学生核心价值观素养状况调查报告[J].中国青年研究,2016(9):73-78.

[7]王美平.中学生社会主义核心价值观的培育研究[D].南华大学,2016.

[8]习近平.在全国教育大会上的讲话[N].人民日报,2018-09-12(2).

[9]国家统计局.经济社会发展统计图表:新中国70年辉煌成就(综合篇)[EB/OL].http://www.qstheory.cn/dukan/qs/2019-10/03/c_1125069258.htm,2019-10-03.

[10]国家统计局.经济社会发展统计图表:新中国70年辉煌成就(生态篇)[EB/OL].http://www.qstheory.cn/dukan/qs/2019-12/16/c_1125346366.htm,2019-12-16.

[11]国家统计局.经济社会发展统计图表:新中国70年辉煌成就(经济篇)

［EB/OL］.http://www.qstheory.cn/dukan/qs/2019－08/16/c_1124874798.htm,
2019－08－16.

［12］国家统计局.经济社会发展统计图表:新中国70年辉煌成就(民生篇)
［EB/OL］.http://www.qstheory.cn/dukan/qs/2019－09/16/c_1124994763.htm,
2019－09－16.

［13］杨立.高中生理想信念教育的调查分析研究［D］.郑州大学,2019.

［14］韦志中,邓伟平.用心理学践行社会主义核心价值观［M］,台北:台海出版
社,2020:51－53.

［15］何毅亭.把自身前途命运同国家民族前途命运紧紧联系在一起［EB/OL］.
http://www.qstheory.cn/llwx/2020－03－30/c_1125790179.htm,2020－03－30.

［16］韦志中.积极心理学——中国人的68堂幸福实践课［M］,台北:台海出版
社,2020.

［17］陈海波.胡仁宇:将个人前途与国家命运紧密相连［EB/OL］.https://epaper.
gmw.cn/gmrb/html/2019－09/27/nw.D110000gmrb_20190927_6-04.htm,2019－09－27.

［18］王浩月.小学生同伴交往关系的影响因素研究［D］.南京师范大学,2016.

［19］吴霞.小学生校园人际关系的研究［D］.华中师范大学,2011.

［20］周丹.班级生活中小学生民主意识的培养研究［D］.陕西师范大学,2018.

［21］郝长清.商量,中国的民主智慧［EB/OL］.http://opinion.people.com.cn/
n1/2016/0303/c1003-28166501.html,2016－03－03.

［22］王瑞丽.新课改条件下中学政治课教学小组合作学习研究［D］.陕西师范大
学,2013.

［23］辛向阳.人民民主是一种全过程的民主［EB/OL］.http://theory.people.com.
cn/n1/2020/0529/c40531-31728288.html,2020－05－29.

［24］刘立新.论中学生民主意识的培养［D］.山东师范大学,2005.

［25］人民网.从全国两会读懂中国式民主［EB/OL］.http://sn.people.com.cn/
n2/2021/0313/c378287-34619091.html,2021－03－13.

［26］杨雪冬,黄小钫.人民民主的百年探索及启示［EB/OL］.http://theory.
people.com.cn/n1/2021/0310/c40531-32047583.html,2021－03－10.

［27］靳晓霞.金钱政治下美式民主的谎言与乱象［EB/OL］.https://epaper.gmw.
cn/gmrb/html/2020－10/16/nw.D110000gmrb_20201016_3-12.htm,2020－10－16.

[28]曾超.高中生的民主素养现状分析及其对策[D].华中师范大学,2015.

[29]王晨艳,李奎刚.关于作为社会主义核心价值观的民主之思[J].南京航空航天大学学报(社会科学版),2013(02):12-16.

[30]曾永安.论社会主义核心价值观范畴——民主[J].产业与科技论坛(19):187-188.

[31]左乐平.民主和公平:社会主义的核心政治价值观[J].江苏广播电视大学学报,2009,20(6):95-98.

[32]张光辉.民主集中制是我们的优越性[EB/OL].http://www.81.cn/jfjbmap/content/2019-12/27/content_250866.htm,2019-12-27.

[33]谢京辉.文明催生规则,规则呵护文明[EB/OL].http://views.ce.cn/view/ent/201606/28/t20160628_13242078.shtml,2016-06-28.

[34]黄珊珊.中小学生规则意识教育现状及培育路径探析[J].宁夏大学学报(人文社会科学版),2019,041(001):181-184,192.

[35]王春燕.小学生规则意识存在的问题与思考——以F小学为例[J].亚太教育,2016(008):106-106.

[36]何晋中.学生规则意识的现状及培育路径[J].教学与管理,2017.

[37]刘凡源.小学生规则教育现状调查[D].天津师范大学,2019.

[38]何民捷.思想纵横:守住规则　守住幸福[EB/OL].http://theory.people.com.cn/n1/2018/1123/c40531-30416883.html,2018-11-23.

[39]徐辉.社会主义核心价值观内容解读之"文明"[J].思想政治教育研究,2014,000(005):55-57.

[40]侯晓丹.民族认同是构建和谐社会的基础——对三所高校调研情况的分析[J].内蒙古财经学院学报(综合版),2012,10(006):69-72.

[41]贺腾飞,杨卉紫,常永才,等.汉族中学生多元文化观与对少数民族涵化策略的期待[J].内蒙古师范大学学报:教育科学版,2015,028(006):59-62.

[42]尹博.基于文化共生理论的渝东南学校民族文化教育发展研究[D].西南大学,2015.

[43]贺新宇.多元文化视域下的民族地区和谐教育研究[D].西南大学,2016.

[44]陈凌."文化认同是最深层次的认同"[EB/OL].http://opinion.people.com.cn/n1/2021/0307/c1003-32044561.html,2021-03-07.

[45]杨晓波.高中学生民族观教育研究——以贵阳市高中学生为例[D].贵州师范大学,2019.

[46]田梦.学校教育中的民族文化传承研究[D].陕西师范大学,2016.

[47]宋芳明.高中思想政治课程公共参与素养培育研究[D].安徽师范大学,2017.

[48]张学敏.高中思想政治课教学中对学生公共参与意识的培养研究[D].天水师范学院,2019.

[49]吴晓林.新论:让社区更有温度[EB/OL].http://theory.people.com.cn/n1/2017/0725/c40531-29426273.html,2017-07-25.

[50]林恩·马古利斯.生物共生的行星——进化的新景观[M].上海:上海科学技术出版社,2000.

[51]宁悦.共生理论视角下生态文明建设研究[D].中共中央党校,2018.

[52]光明日报评论员.人与自然和谐共生应成为每个人的自觉意识[EB/OL].http://www.qstheory.cn/qshyjx/2021-04-23/c_1127365399.htm,2021-04-23.

[53]黄玉莲,岑慧红,尚鹤睿,等.舒茨三维人际关系理论在护患沟通中的应用[J].护理研究,2012,26(32):3049-3050.

[54]王琪.认识校园心理情景剧[J].大众心理学,2018(12):13-14.

[55]熊丰.和谐中国——70年中国面貌变迁述评之六[EB/OL].http://www.xinhuanet.com/2019-09/14/c_1124996310.htm,2019-09-14.

[56]李妍.基于新时期中学生社会实践活动的有效性探究[J].天津教育,2019(15):146-147.

[57]董小苹.1992—2012:中国青少年的社会参与[J].青年研究,2013.

[58]新华社评论员.深入调研出实招[EB/OL].http://www.xinhuanet.com/politics/2019-07/22/c_1124785057.htm,2019-07-22.

[59]潘旭颖.规则教育视角下校园欺凌问题研究[D].哈尔滨师范大学,2018.

[60]张帅.规则教育视域下中小学校园欺凌行为研究[J].教育探索,2016(09):23-26.

[61]刘凡源.小学生规则教育现状调查[D].天津师范大学,2019.

[62]陈扬.小学规则教育实施困境的省思[D].西北师范大学,2020.

[63]刘杨.成都泡桐树小学校长黄艺竹:教育即生长,破译"桐悦文化"密码

[EB/OL].http://edu.china.com.cn/2020-07-24/content_76308781.htm,2020-07-24.

[64]张帅.中小学实施规则教育的困境及其突破[J].教学与管理,2017(16):23-25.

[65]冯永刚.规则教育的偏失及匡正[J].中国德育,2015(07):33-37.

[66]郭娅玲,唐碧梅.家庭教育对中小学生规则意识与行为的培养[J].中国德育,2015(07):29-32.

[67]赵丹,刘芳.浅谈教育惩罚与学生自由[J].佳木斯教育学院学报,2016(002):210-211.

[68]宋坤.论基于儿童自由的规则教育[J].当代教育科学,2015(10):3-6,14.

[69]郑三元.规则的意义与儿童规则教育新思维[J].湖南师范大学教育科学学报,2006(05):45-47.

[70]程红艳.儿童在学校中的自由[D].华东师范大学,2004.

[71]林杰.自由是人类共同的价值追求[EB/OL].http://gdzh.wenming.cn/yc-pl/201405/t20140507_1153184.html,2014-05-07.

[72]广元发布.社会主义核心价值观十二谈|自由篇[EB/OL].http://www.sc-public.cn/news/wx/detail? newsid=133435,2018-12-03.

[73]靳玉乐,李叶峰.论教育自由的尺度及实现[J].高等教育研究,2015,036(004):21-26.

[74]董辉."自由"作为核心价值观的基本蕴含及其现实意义[J].甘肃理论学刊,2015(002):12-16.

[75]郭慧.社会主义核心价值观中的"自由"概念解读[J].兰州文理学院学报(社会科学版),2015,31(1):6-9.

[76]倪素香,梅荣政.论社会主义自由价值观的内涵[J].思想理论教育导刊,2015(006):50-57.

[77]刘丽琴.高中班级管理问题与对策研究[D].河北大学论文,2014.

[78]商志晓.从中国抗疫看"自由和自律统一"[EB/OL].https://epaper.gmw.cn/gmrb/html/2020-10/12/nw.D110000gmrb_20201012_1-02.htm,2020-10-12.

[79]陈雪欣.高、低年级小学生对性别角色理解的比较研究[D].南京师范大学,2016.

[80]和建花,巫锡炜.中国儿童性别角色观念及其性别差异研究[J].山东女子

学院学报,2014,000(001):20-32.

[81]刘旭.青少年儿童性别刻板印象的结构及其发展[D].华中师范大学,2007.

[82]唐文文,盖笑松,赵莹.儿童青少年的性别平等意识现状调查[J].内蒙古师范大学学报(哲学社会科学版),2011(02):141-146.

[83]刘小妮.推动性别平等应体现在细节[EB/OL].http://epaper.southcn.com/nfdaily/html/2021-04-30/content_7941494.htm,2021-04-30.

[84]李全超.高中生平等意识现状及对策研究[D].华中师范大学,2016.

[85]卓泽渊.平等是社会主义法律的基本属性[EB/OL].https://epaper.gmw.cn/gmrb/html/2015-03/01/nw.D110000gmrb_20150301_1-07.htm,2015-03-01.

[86]李晓艳.高中思想政治课平等观教育研究[D].山东师范大学,2018.

[87]钱镇.国际抗疫中的"不平等"现象亟待共同应对[EB/OL].https://epaper.gmw.cn/gmrb/html/2020-06/09/nw.D110000gmrb_20200609_1-02.htm,2020-06-09.

[88]关于教师公平对待和学生公平体验的现状研究——基于东中西部18所中小学的调查[J].福建教育学院学报,2020(1):28-35.

[89]韩兵.从《成语天下》看主流媒体对文化传承的担当[J].中国电视,2019,No.406(12):115-118.

[90]刘丹梅.小学成语教学的现状,问题及对策研究[D].首都师范大学,2012.

[91]于兴艳."故事思政"在高校思政教学中的应用研究[J].机械职业教育,2019,405(10):31-33.

[92]梁海燕.讲好思政课要有"故事思维"[EB/OL].http://www.wenming.cn/wmpl_pd/zmgd/202004/t20200422_5539125.shtml,2020-04-22.

[93]段妍.社会主义核心价值观中"公正"真谛及其实现路径[J].思想理论教育导刊,2016(4):83-87.

[94]许苏庭.社会主义核心价值观中的公正理念及其实现[J].传承,2015(002):58-60.

[95]廖运生.大中学生正义感培育的困境与出路[D].南昌大学.2010.

[96]夏晶.社会主义核心价值观"公正"内涵探析[D].东北师范大学,2019.

[97]汪蕾.初中班级管理中实质教育公平问题与对策研究[D].渤海大学,2013.

[98]毛金风.初中生公正世界信念现状及其与感戴关系研究[D].河南大学,2010.

[99]史卫平,范伟义,杨占厂.江苏"最美法治人物"王帆:检徽下扬帆"未"爱点灯[EB/OL].http://www.lyg01.net/news/lygxw/2019/1218/147808.shtml,2019-12-18.

[100]卢正正.高中生公正世界信念与主观幸福感的关系[D].浙江师范大学,2020.

[101]苏志强,张大均,王鑫强.高中生负性生活事件和主观幸福感:公正世界信念的中介作用分析[J].中国特殊教育,2013(03):73-78.

[102]洪蕴哲.高中生公正世界信念的发展特点及其与社交网站使用的关系——三年追踪[D].华中师范大学,2017.

[103]黄植建.高中生公正世界信念对学业成绩的影响:自主学习的中介作用[D].四川师范大学,2019.

[104]鲍南.守护"奋斗改变命运"这一社会公平基石[EB/OL].http://www.bjwmb.gov.cn/zxgc/wmpl/t20200708_989743.htm,2020-07-08.

[105]周尚芬.注重中小学生法治教育与道德教育有机融合[J].中国教育学刊,2019(S2).

[106]王红.基于儿童立场的小学法治教育研究[D].湖南师范大学,2019.

[107]法制网.2020年度法治人物[EB/OL].http://www.legaldaily.com.cn/index_article/content/2021-03-01/content_8443856.htm,2021-03-01.

[108]黄云霞,宋乾.中学法治教育之我见——以《道德与法治》课程改革为视角[J].教育理论与实践,2018,38(35):60-62.

[109]王华明.校园暴力与中学生法律意识的培养.广州大学,2016.

[110]人大立法[EB/OL].http://www.legaldaily.com.cn/rdlf/content/2021-02/05/content_8428824.htm.

[111]程佳.和谐课堂氛围的营造[J].教育探索,2008(08):5-6.

[112]李亚龙.中国古代的"普法"活动[EB/OL].http://152.136.34.60/html/2018-08/20/nw.D110000xxsb_20180820_3-A3.htm,2018-08-20.

[113]叶琴.运用情境教学 激活德育课堂[J].吉林省教育学院学报(学科版),2010,26(05):120-121.

[114]涂强.创设情境让德育课教学生机无限[J].中国职工教育,2012(18):108.

[115]陈亚芬.浅析模拟法庭对培养高中生法治意识的价值[J].法制与社会,

2020(013):209-210.

[116]卢益飞."模拟法庭"在高中法律教学中的应用与探究[J].教学月刊·中学版(政治教学),2017(007):24-27.

[117]潘冰.高中政治课学生法治意识培育研究[D].辽宁师范大学,2020.

[118]李林燕.高中生法治意识存在的问题及培育研究[D].华中师范大学,2018.

[119]范明志.少年法庭的独立职能定位[EB/OL].https://www.chinacourt.org/article/detail/2018/07/id/3393587.shtml,2018-07-16.

[120]沈轶琳.从《中华人民共和国国旗法》角度浅谈小学生理性爱国主义教育[J].课程教育研究,2017(48).

[121]冯绯楠.小学升旗仪式调查研究——以扬州市 H 小学为例[D].扬州大学,2018.

[122]张洁.L小学少先队仪式教育的现状、问题与对策研究[D].西北师范大学,2018.

[123]欧阳凡子.小学语文教科书中爱国主义思想内容研究[D].赣南师范大学,2017.

[124]胡虹丽.新课程标准下小学生爱国主义教育的若干思考[D].江西师范大学,2004.

[125]朱瑞菊.培养小学生国家意识的少先队校本活动课程设计[D].四川师范大学,2016.

[126]李雅茹.小学语文教科书中爱国主义教育传承研究[D].湖南农业大学,2016.

[127]高军.中华人民共和国国旗的符号学浅析[J].美术教育研究,2012(11):46-47.

[128]高璇.国旗的类文字性探究[J].语文学刊,2012(06):43,46.

[129]李学勇,梅常伟,高玉娇.护卫国旗,重于生命[EB/OL].http://www.xin-huanet.com//mrdx/2020-11/18/c_139524186.htm,2020-11-18.

[130]黄颖芳.当前中学生爱国主义教育问题及对策研究[D].郑州大学,2019.

[131]苏丽.中学红色经典文化与爱国主义教育研究[D].中北大学,2015.

[132]新时代学习工作室.不忘初心,聆听习近平讲过的红色故事[EB/OL].ht-

tp://cpc.people.com.cn/xuexi/n1/2019/0611/c385474-31128581.html,2019-06-11.

[133]周杰.走向倾听教学[J].教育理论与实践,2011(14):47-49.

[134]汪明春.积极心理学与故事叙事取向在团体心理辅导中应用的研究.黑龙江教育学院学报,2010,29(6):98-99.

[135]田颖.高中思想政治课爱国主义教育研究[D].河北师范大学,2019.

[136]钟大丰.多义的影视教育理念与实践趋向[J].现代传播(中国传媒大学学报),2020,v.42;No.292(11):164-169.

[137]林沛.青少年电影教育的英国经验与中国路径研究[D].西南大学,2017.

[138]王小莲,陈欢,尹芳.指向艺术创作的高中跨学科教学初探——以诗乐舞跨学科教学为例[J].艺术教育,2020(04):25-28.

[139]张 晔.把青春融进祖国的江河[EB/OL].http://edu.people.com.cn/n1/2021/0303/c1006-32041092.html,2021-03-03.

[140]付荣.学会感恩——孝文化影响下我国中小学生感恩教育问题之研究[D].湖南师范大学,2014.

[141]郝振君,苏亮亮.小学生感恩教育研究综述[J].现代教育科学,2015.

[142]王律言.小学感恩教育实践研究[D].上海师范大学,2012.

[143]刘慧.中学生职业成熟度发展特点研究[D].西南师范大学,2004.

[144]姜照雯.论中学生的职业探究意识及其对职业规划教育的价值[J].教育科学文摘,2013,032(004):97-99.

[145]曹志玮,郝一婷.应开展中学生职业规划教育——基于对两所中学的问卷调查[J].广西教育学院学报,2015(04):191-196.

[146]刘华,马丽群.中小学生职业启蒙与职业规划教育现状调研报告——上海样本[J].中国德育,2012,007(001):17-20.

[147]韦志中,阴越.让你自由高飞的心理密码[M].广州:广州出版社,2015:181-188.

[148]郭义民.中学生的职业生涯规划教育[EB/OL].http://edu.china.com.cn/2020-10/12/content_76798169.htm,2020-10-12.

[149]王雅文.普通高中职业生涯教育现状和对策研究[D].华东师范大学,2014.

[150]曾妍.从高中毕业生专业选择看高中职业生涯规划教育[D].湖南大

学,2013.

[151]中共怀化市委党校课题组:曾星,刘克立,曾文鸿.一粒种子,从怀化走向世界——袁隆平杂交水稻的探索之路与现实启示[EB/OL].https://new.qq.com/omn/20210616/20210616A062TB00.html.

[152]卓凡.江西日报:终身成就奖意味着要奋斗终生[EB/OL].https://jiangxi.jxnews.com.cn/system/2009/02/11/011021968.shtml.

[153]肖思思,徐弘毅.抗疫先进事迹|钟南山:健康所系 生命相托[EB/OL].http://www.xinhuanet.com/politics/2020-11/10/c_1126722849.htm,2020-11-10.

[154]陈小菊.小学生诚信教育现状的调查研究[J].教学与管理:理论版,2016(2):74-76.

[155]江申,傅建明.小学生学业诚信现状及应对策略[J].上海教育科研,2014(004):52-55.

[156]张鑫.社会主义核心价值观中"诚信"问题研究[D].东北师范大学,2016.

[157]中国文明网.彭文军:12年免费让孩子们乘车[EB/OL].http://www.wenming.cn/sbhr_pd/xiaozhuan/cssx/201308/t20130805_1426834.shtml,2013-08-05.

[158]杨琪.初中生诚信观:现状、问题与对策[D].华中师范大学,2011.

[159]张晓茹.初中思想品德课诚信教育研究[D].上海师范大学,2017.

[160]央视网.无信不立 习近平为何重视诚信[EB/OL].http://news.cctv.com/2018/08/11/ARTIrRYHCioHUHf0KrxbNKoD180811.shtml,2018-08-11.

[161]王鑫.人际交往诚信问题研究[D].华东师范大学,2014.

[162]黄勇军.人民日报:网络社交,诚信为先[EB/OL].http://opinion.people.com.cn/n1/2018/0730/c1003-30176640.html,2018-07-30.

[163]时伟芳.高中思想政治课诚信价值观教育研究[D].山东师范大学,2015.

[164]肖建.高中生的诚信缺失及其教育对策研究[D].华中师范大学,2017.

[165]杨树森."善意的谎言"该不该容忍[J].人民论坛,2007(02):37-37.

[166]艾广明.有多少善意的谎言?[J].刊授党校,2008(11):49.

[167]中国文明网综合.家族五代打造"良心秤":守住规矩不越线 传承家风200年[EB/OL].http://www.wenming.cn/sbhr_pd/xiaozhuan/cssx/201406/t20140612_1999598.shtml.

[168]黄明理,顾建红.论"友善"核心价值观之内涵、特征及基本要求[J].社会

主义核心价值观研究,2017,3(2):64-71.

[169]冯丕红,李建华.友善的内涵及传统友善的现代转化[J].南昌大学学报(人文社会科学版),2017(048):005.

[170]黄明理,顾建红.论"友善"核心价值观之内涵、特征及基本要求[J].社会主义核心价值观研究,2017,3(2):64-71.

[171]新华网.善待自然的回报 毛乌素沙地变绿洲[EB/OL].http://www.sn.xinhuanet.com/2020-06/05/c_1126079438.htm,2020-06-05.

[172]韦志中.积极心理学[M].台北:台海出版社,2019:87-95.

[173]曹欢.感恩表达的作用与机制[J].心理技术与应用,2017,5(003):175-180.

[174]王定升.感恩对助人行为的影响[D].河南大学,2008.

[175]孙配贞,江红艳.感恩的心理学研究进展[J].徐州师范大学学报:哲学社会科学版,2012,38(004):151-155.

[176]武东生."和而不同"、"推己及人"与团结友善[J].道德与文明,2002(002):52-55.

[177]盛伟.一副眼镜,一封感恩信,一段铭刻于心的师生情[EB/OL].http://qjwb.thehour.cn/html/2020-10/09/content_3884660.htm?div=-1,2020-10-09.

[178]百度百科:约翰·杜威[EB/OL].https://baike.baidu.com/item/%E7%BA%A6%E7%BF%B0%C2%B7%E6%9D%9C%E5%A8%81/1237539?fromtitle=%E6%9D%9C%E5%A8%81&fromid=8558840&fr=aladdin.

[179]刘济良,等.价值观教育[M]北京:教育科学出版社,2007.152.

[180]迟福林.2020年:我国经济转型升级大趋势[J].科学发展,2015(4):27-32.

[181]刘和生.高中生友善观的现状与教育对策研究[D].赣南师范大学,2017.

[182]陈晓莉."友善"是温暖人心的太阳[N].陕西日报.2014-11-21(3).

[183]黄艺生.友善的道德价值及其培育研究[D].四川师范大学,2014:12-13.

[184]黄明理,顾建红.论"友善"核心价值观之内涵、特征及基本要求[J].社会主义核心价值观研究,2017,3(002):64-71.

[185]王兆雷.待人友善吃亏吗?[EB/OL].http://pgy.jyb.cn/rp/rp_detail.html?docid=31657,2015-11-09.